아이가 주인공인 책

아이는 스스로 생각하고 성장합니다.
아이를 존중하고 가능성을 믿을 때
새로운 문제들을 스스로 해결해 나갈 수 있습니다.

길벗스쿨의 학습서는 아이가 주인공인 책입니다.
탄탄한 실력을 만드는 체계적인 학습법으로
아이의 공부 자신감을 높여줍니다.

가능성과 꿈을 응원해 주세요.
아이가 주인공인 분위기를 만들어 주고,
작은 노력과 땀방울에 큰 박수를 보내 주세요.
길벗스쿨이 자녀 교육에 힘이 되겠습니다.

상상력과 창의력을 키워주는 자유 글쓰기 훈련!

초등 글쓰기
무작정 따라하기

박재찬 지음

자유 생각 편 (5·6학년용)

길벗스쿨

초등 글쓰기 무작정 따라하기: 자유 생각 편(5·6학년용)
The Cakewalk Series – Free-thinking Writing for 5th and 6th grade in elementary school

초판 1쇄 발행 • 2022년 7월 9일
초판 3쇄 발행 • 2025년 12월 30일

지은이 • 박재찬
발행인 • 이종원
발행처 • (주)길벗스쿨
출판사 등록일 • 2025년 5월 28일
주소 • 서울시 마포구 월드컵로 10길 56(서교동)
대표 전화 • 02)332-0931 | 팩스 • 02) 338-0388
홈페이지 • www.gilbutschool.co.kr | 이메일 • gilbut@gilbut.co.kr

기획 및 책임편집 • 유현우(yhw5719@gilbut.co.kr) | **디자인** • 신세진 | **제작** • 이준호, 손일순, 이진혁
마케팅 • 양정길, 송예슬, 김령희 | **영업유통** • 진창섭 | **영업관리** • 김명자, 심선숙, 정경화 | **독자지원** • 윤정아

전산편집 • 기본기획 | **편집진행** • 주은영 | **일러스트** • 김효주, 강혜진
CTP 출력 및 인쇄 • 대원문화사 | **제본** • 경문제책

▶ 잘못 만든 책은 구입한 서점에서 바꿔 드립니다.
▶ 이 책은 저작권법에 따라 보호받는 저작물이므로 무단전재와 무단복제를 금합니다.
  이 책의 전부 또는 일부를 이용하려면 반드시 사전에 저작권자와 (주)길벗스쿨의 서면 동의를 받아야 합니다.

ISBN 979-11-6406-457-1 74700
      979-11-6406-456-4(세트)
(길벗 도서번호 500003)

정가 12,800원

독자의 1초를 아껴주는 정성 길벗출판사

(주)도서출판 길벗 | IT실용서, IT/일반 수험서, IT전문서, IT입문서, IT교육교재서, 경제경영서, 취미실용서, 자녀교육서
더퀘스트 | 인문교양서, 비즈니스서
길벗이지톡 | 성인어학서
(주)길벗스쿨 | 국어학습서, 수학학습서, 영어학습서, 유아학습서, 어린이교양서, 학습단행본, 교과서

제 품 명	초등 글쓰기 무작정 따라하기:자유 생각 편(5·6학년용)	주 소	서울시 마포구 월드컵로 10길 56 (서교동)
제조사명	(주)길벗스쿨	제조년월	판권에 별도 표기
제조국명	대한민국	사용연령	**12세 이상**
전화번호	02-332-0931	KC마크는 이 제품이 공통안전기준에 적합하였음을 의미합니다.	

머리말

치킨을 좋아하시나요? 어떤 치킨을 좋아하시나요? 치킨을 많이 먹어봐야 내가 어떤 치킨을 좋아하는지 알 수 있습니다. 글쓰기를 좋아하시나요? 어떤 글쓰기를 좋아하시나요? 대답하기 어려우시죠? 글쓰기를 많이 해보지 않으면 내가 어떤 글쓰기를 좋아하는지, 좋아하지 않는지를 알기 어렵습니다.

초등학교 시기의 글쓰기 교육은 학생들의 흥미에 초점을 맞춰야 합니다. 흥미가 있는지 없는지를 확인할 수 있는 방법은 일단 많이 써보는 것입니다. 다양한 주제에 대해 많이 써보다 보면 내가 흥미를 가지고 있는지 없는지를 확인할 수 있습니다. 또 많이 쓰다 보면 어떤 분야에 흥미를 가지고 있는지도 자연스럽게 알 수 있죠. 이건 마치 프라이드치킨, 양념치킨, 마늘치킨, 간장치킨을 골고루 먹어봐야 내가 치킨을 좋아하는지, 싫어하는지, 어떤 치킨을 더 좋아하는지를 알 수 있는 것과 똑같습니다.

초등학생들이 글쓰기에 흥미를 느낄 수 있도록 이 책 속에는 두 가지의 '진짜'를 숨겨놓았습니다.

첫 번째 '진짜'는 주제입니다. 《초등 글쓰기 무작정 따라하기: 자유 생각 편(5·6학년용)》에서는 경제부터 시작해 과학, 사회, 예술, 철학에 이르는 다섯 개 분야의 주제를 다루고 있습니다. 각각의 주제는 초등학교 현장에서 수없이 많은 주제를 학생들과 함께 써본 다음, 초등학생들의 취향이나 흥미를 저격했던 최고 중의 최고만을 간추린 '진짜' 주제입니다.

두 번째 '진짜'는 친구의 글입니다. 이 책에서 제시하는 '친구의 생각을 살펴봐요'에 나오는 친구의 글은 실제 초등학생들이 쓴 '진짜' 친구의 글입니다. 혹시 비슷한 문장이 반복되거나, 매끄럽지 못한 문장을 발견하게 되더라도 너무 놀라진 마세요. 그 글을 쓴 친구도 여러분들과 똑같이 글쓰기를 배워가는 중이기 때문입니다. 그러므로 '친구의 글'은 모범 답안이 아닌 참고용으로 사용해 주세요. 여러분들이 더 좋은 글을 써낼 수 있다는 사실도 기억해 주시고요.

아무쪼록 이 책이 여러분들의 마음속에서 글쓰기를 싫어하는 마음이 사라지는 데 도움이 되길 바랍니다. 더불어 여러분들이 "저는 글쓰기를 좋아해요.", "오늘도 글쓰기 해요!"라고 말하며 글쓰기에 흥미를 느끼는 그 날이 찾아오길 기원합니다.

2022년 6월
저자 박재찬(달리쌤)

• 이 책의 구성 •

오늘의 주제

경제, 과학, 사회, 예술, 철학 등의 5개 각 분야별로 오늘 써야 할 글쓰기 주제가 제시되어 있어요. 주제와 관련된 흥미로운 질문과 삽화의 내용을 보며 자신만의 생각을 차분히 떠올려 보세요.

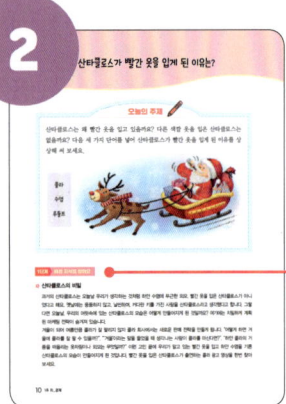

1단계 : 배경지식을 쌓아요

〈오늘의 주제〉와 관련된 배경지식을 익힐 수 있어요. 주제와 관련된 배경지식을 미리 익혀두면 주제에 대한 상상력이 더욱 더 풍부해질 거예요. 또한 평소에는 알지 못했던 깨알 지식들도 얻을 수 있어요.

2단계 : 생각을 틔워요

주제에 대한 글쓰기를 하기 전에 주제와 연관된 가벼운 질문들을 생각할 수 있도록 했어요. 이 질문들에 대해 자신만의 생각을 표현하면서 주제에 대한 상상력을 서서히 발전시켜 나갈 수 있어요.

이 책은 초등학교 5, 6학년생들이 경제, 과학, 사회, 예술, 철학에 이르는 5개 분야에서 재미있게 상상할 수 있는 주제들을 각 8개씩 뽑아 생각나는 대로 자유롭게 써 보는 글쓰기 훈련 교재예요.

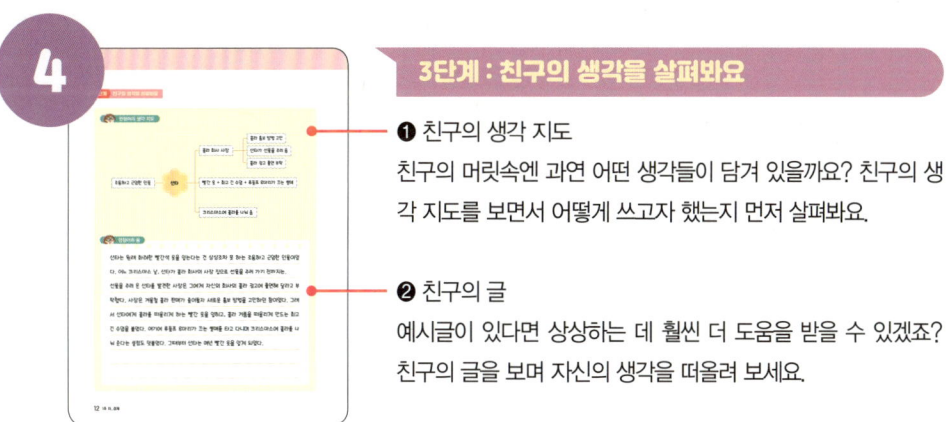

3단계 : 친구의 생각을 살펴봐요

❶ 친구의 생각 지도
친구의 머릿속엔 과연 어떤 생각들이 담겨 있을까요? 친구의 생각 지도를 보면서 어떻게 쓰고자 했는지 먼저 살펴봐요.

❷ 친구의 글
예시글이 있다면 상상하는 데 훨씬 더 도움을 받을 수 있겠죠? 친구의 글을 보며 자신의 생각을 떠올려 보세요.

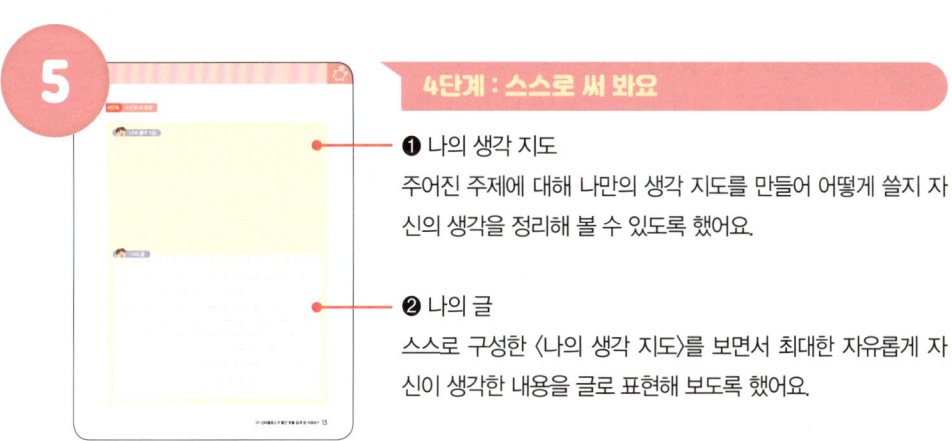

4단계 : 스스로 써 봐요

❶ 나의 생각 지도
주어진 주제에 대해 나만의 생각 지도를 만들어 어떻게 쓸지 자신의 생각을 정리해 볼 수 있도록 했어요.

❷ 나의 글
스스로 구성한 〈나의 생각 지도〉를 보면서 최대한 자유롭게 자신이 생각한 내용을 글로 표현해 보도록 했어요.

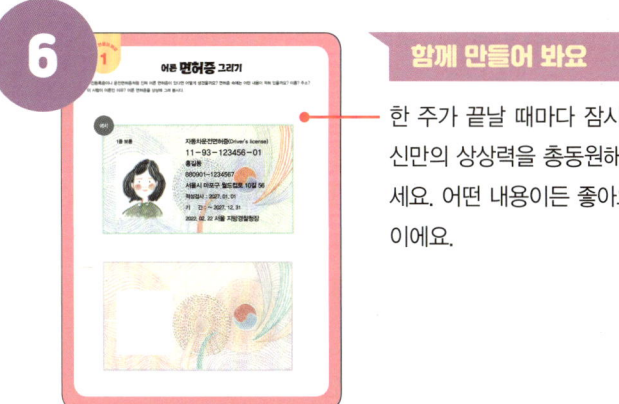

함께 만들어 봐요

한 주가 끝날 때마다 잠시 머리를 식힐 수 있는 코너예요. 자신만의 상상력을 총동원해서 주어진 내용을 재미있게 꾸며 보세요. 어떤 내용이든 좋아요. 여러분이 꾸민 내용이 바로 정답이에요.

• 차례 •

머리말	3
이 책의 구성	4
이 책은 이렇게 활용하세요!	8

1장
01	경제	산타클로스가 빨간 옷을 입게 된 이유는?	10
02	과학	초등학생들을 위한 꿈 3종 패키지는?	14
03	사회	옛날 사람들이 주사위를 만들게 된 이유는?	18
04	예술	두 개의 달이 떠 있는 세상을 어떻게 그려 볼까?	22
05	철학	운전면허증처럼 어른 면허증이라는 게 있다면?	26
함께 만들어 봐요 1			30

2장
06	경제	슬라임 한 주먹으로 부자가 될 수 있을까?	32
07	과학	자외선이 싫어 갈색 유리병 속에 살게 되었다고?	36
08	사회	나는 편식 해결사! 내 이야기를 들려줄까?	40
09	예술	나는 영화감독! 내가 만든 영화 이야기를 들려줄까?	44
10	철학	과거, 현재, 미래 중 하나를 선택한다면?	48
함께 만들어 봐요 2			52

3장
11	경제	5만원 지폐가 나에게 오게 된 이유는?	54
12	과학	나는 손 소독제! 바이러스와 싸운 이야기를 해줄까?	58
13	사회	말은 제주도로, 사람은 서울로 보내야 하는 이유는?	62
14	예술	내 얼굴을 천천히, 자세히 설명해 볼까?	66
15	철학	학교에서 배울 수 있는 세 가지는?	70
함께 만들어 봐요 3			74

4장
16	경제	백화점에서 화장실, 벽시계, 창문을 없앤 이유는?	76
17	과학	호두과자는 과자일까, 빵일까?	80
18	사회	나는 양파 축제 기획자! 재미있는 코너를 알려줄까?	84
19	예술	변기를 미술관에 전시한다고?	88
20	철학	내가 커서 아이를 낳아 부모가 된다면?	92
함께 만들어 봐요 4			96

5장

21 경제	성탄절 카페에는 어떤 메뉴가 어울릴까?		98
22 과학	호랑이와 사자가 싸우면 누가 이길까?		102
23 사회	전화기의 발명과 관련된 두 사람 사이의 비밀은?		106
24 예술	내가 만화를 좋아하는 이유는?		110
25 철학	네 살 동생에게 산타가 있다고 거짓말해도 될까?		114

함께 만들어 봐요 5 … 118

6장

26 경제	이 물건을 사고 싶으신가요?		120
27 과학	나에게 거미줄을 만들 수 있는 능력이 있다면?		124
28 사회	가족과 함께 특산물 여행을 떠나게 된다면?		128
29 예술	익숙한 물건을 엄청나게 크게 만든다면?		132
30 철학	대한민국에서 제일 자유로운 초등학생은?		136

함께 만들어 봐요 6 … 140

7장

31 경제	50년 뒤에는 어떤 돈을 사용할까?		142
32 과학	바다거북이 쓰레기를 먹게 된 까닭은?		146
33 사회	호랑이 티셔츠가 한정판으로 나왔다면 사실 건가요?		150
34 예술	친구의 얼굴을 앞, 뒤, 옆, 위, 아래에서 관찰한다면?		154
35 철학	우리 아빠나 엄마가 우리 반 선생님이라면?		158

함께 만들어 봐요 7 … 162

8장

36 경제	내가 얼마나 알뜰한 사람인지 아니?		164
37 과학	초등학생들이 자동차를 갖게 된다면?		168
38 사회	내가 올해 가장 많이 사용한 두 단어는?		172
39 예술	미끌미끌한 낙지 놀이터에는 어떤 놀이기구가?		176
40 철학	우리 반 선생님 집에는 어떤 물건들이 있을까?		180

함께 만들어 봐요 8 … 184

• 이 책은 이렇게 활용하세요! •

《초등 글쓰기 무작정 따라하기: 자유 생각 편(5·6학년용)》은 초등학교 고학년들이 5개 분야(경제, 과학, 사회, 예술, 철학)에서 주어진 주제에 대해 상상의 나래를 펼치며 자유롭게 자신의 생각을 표현해 보는 글쓰기 훈련 교재입니다. 5·6학년용이지만 1·2학년생이나 3·4학년생들도 수준에 따라 얼마든지 학습이 가능한 교재입니다.

특히 아래의 가이드를 잘 활용하여 글쓰기를 시작해 보세요.

1. 배경 지식을 쌓으며 글쓰기 해보세요.

알고 있는 내용이 많을수록 꺼낼 수 있는 이야기가 많아지는 법이죠. 이 책에는 글쓰기를 도와줄 다양한 이야기들이 담겨 있어요. 특히 '배경 지식을 쌓아요' 부분을 잘 살펴보세요. 글쓰기에 사용할 수 있는 중요한 생각을 찾을 수 있을 거예요. 만약 이 부분으로 부족하다면 오늘의 주제와 관련된 글이나 영상을 인터넷에서 찾아보세요. 본격적으로 글쓰기를 시작하기 전, 여러 가지 정보를 충분히 찾아보며 글쓰기 소재를 모아 보세요. 그러면 여러분의 글이 더욱 풍부해질 거예요.

2. 시작했으면 끝을 보세요.

다섯 개의 주제에 대한 글을 계속해서 쓰다 보면 중간에 어떻게 써야 할지 막막한 날을 만나게 될 거예요. 그런 날엔 '일단 다른 주제를 먼저 쓸까?'라는 유혹에 빠지기 쉽죠. 그런 유혹이 나를 찾아오면 꼭 참아야 해요. 꼭 참고 한 번 시작한 건 끝을 보세요. 잘 쓰지 못해도, 좋은 글이 아니더라도 괜찮아요. 끝을 보는 연습을 한다고 생각하고 한 번 시작했으면 끝까지 써 보세요. 글쓰기를 잘하는 사람들은 '끝까지 쓰는 힘'을 가지고 있거든요.

3. 친구의 생각 지도와 글을 잘 살펴보세요.

이 책 속엔 실제 초등학생들이 쓴 글이 담겨 있어요. 우리 반, 내 옆자리에 앉아 있는 바로 그 친구들 말이죠. 오늘의 주제에 어울리는 글을 어떻게 써야 할지 생각나지 않는다면 친구의 생각 지도와 글을 잘 살펴보세요. 어떤 내용을 썼는지, 어떤 구성으로 썼는지를 살펴보며 내 글을 쓸 단서를 얻어 보세요. 만약, 도대체 어떻게 써야 할지 막막한 날에는 친구의 생각 지도와 글을 그대로 옮겨 적어 보는 것도 좋은 글쓰기 공부가 될 거예요.

4. 자유롭게 상상하세요.

상상의 세계에서는 맞고 틀리고가 없어요. 글쓰기를 하다 "이렇게 생각해도 될까?", "에이, 이건 말이 안 되는 거 같은데."라는 생각을 하게 된다면 제대로 상상하고 있는 게 맞아요. 원래 상상력이 풍부한 사람들은 가끔씩 엉뚱한 소리를 하거든요. 글쓰기를 시작하기 전에 생각 지도를 그려 보며 자유롭게 상상하세요. 생각 지도 부분을 '상상의 도화지'라고 생각하며 글쓰기와 관련된 모든 생각들을 글과 그림으로 표현해 보세요. 상상할 수 있는 자유를 마음껏 누리세요.

1장

01 1주 차 1일 경제 산타클로스가 빨간 옷을 입게 된 이유는?
02 1주 차 2일 과학 초등학생들을 위한 꿈 3종 패키지는?
03 1주 차 3일 사회 옛날 사람들이 주사위를 만들게 된 이유는?
04 1주 차 4일 예술 두 개의 달이 떠 있는 세상을 어떻게 그려 볼까?
05 1주 차 5일 철학 운전면허증처럼 어른 면허증이라는 게 있다면?

1주 차 1일
01 산타클로스가 빨간 옷을 입게 된 이유는?

오늘의 주제

산타클로스는 왜 빨간 옷을 입고 있을까요? 다른 색깔 옷을 입은 산타클로스는 없을까요? 다음 세 가지 단어를 넣어 산타클로스가 빨간 옷을 입게 된 이유를 상상해 써 보세요.

콜라
수염
루돌프

1단계 배경 지식을 쌓아요

✦ **산타클로스의 비밀**

과거의 산타클로스는 오늘날 우리가 생각하는 것처럼 하얀 수염에 푸근한 외모, 빨간 옷을 입은 산타클로스가 아니었다고 해요. 옛날에는 뚱뚱하지 않고, 날씬하며, 커다란 키를 가진 사람을 산타클로스라고 생각했다고 합니다. 그렇다면 오늘날, 우리의 머릿속에 있는 산타클로스의 모습은 어떻게 만들어지게 된 것일까요? 여기에는 치밀하게 계획된 마케팅 전략이 숨겨져 있습니다.

겨울이 되어 여름만큼 콜라가 잘 팔리지 않자 콜라 회사에서는 새로운 판매 전략을 만들게 됩니다. "어떻게 하면 겨울에 콜라를 잘 팔 수 있을까?", "'겨울'이라는 말을 들었을 때 생각나는 사람이 콜라를 마신다면?", "하얀 콜라의 거품을 떠올리는 옷차림이나 외모는 무엇일까?" 이런 고민 끝에 우리가 알고 있는 빨간 옷을 입고 하얀 수염을 기른 산타클로스의 모습이 만들어지게 된 것입니다. 빨간 옷을 입은 산타클로스가 출연하는 콜라 광고 영상을 한번 찾아보세요.

공부한 날 ○월 ○일

선생님의 조언 | '마케팅'은 생산자가 만든 제품을 소비자에게 전달하는 방법에 대해 생각하고 행동하는 활동입니다. 마케팅에는 어떤 제품을, 어떻게 만들어, 어떻게 광고하고, 어떻게 판매할지와 관련된 다양한 내용이 포함됩니다.

2단계 생각을 틔워요

1 '콜라'하면 어떤 생각이 드나요?

민정이의 글
폭포가 생각난다. 폭포에서 나오는 거품이 콜라 거품과 비슷하게 생겼기 때문이다. 또한 콜라 거품이 하얗고 길기 때문에 산타클로스의 수염과도 비슷한 것 같다.

나의 글

2 빨간색 이외에 산타클로스에게 어울리는 색깔은 무엇인가요?

민정이의 글
흰색이 잘 어울릴 것 같다. 머리도 백발일 것 같고, 수염도 희기 때문이다. 녹색도 잘 어울릴 것 같다. 크리스마스트리가 녹색이라서 분위기가 잘 맞는 것 같다.

나의 글

3 평소 빨간색 옷을 즐겨 입는 사람들은 누구인가요?

민정이의 글
빨간색 옷을 떠올리면 연말에 가난한 사람들을 위해 모금하는 구세군이 생각난다. 또 다른 사람들의 눈에 띄고 싶은 사람들이 빨간색 옷을 즐겨 입는 것 같다.

나의 글

01 산타클로스가 빨간 옷을 입게 된 이유는?

3단계 친구의 생각을 살펴봐요

민정이의 생각 지도

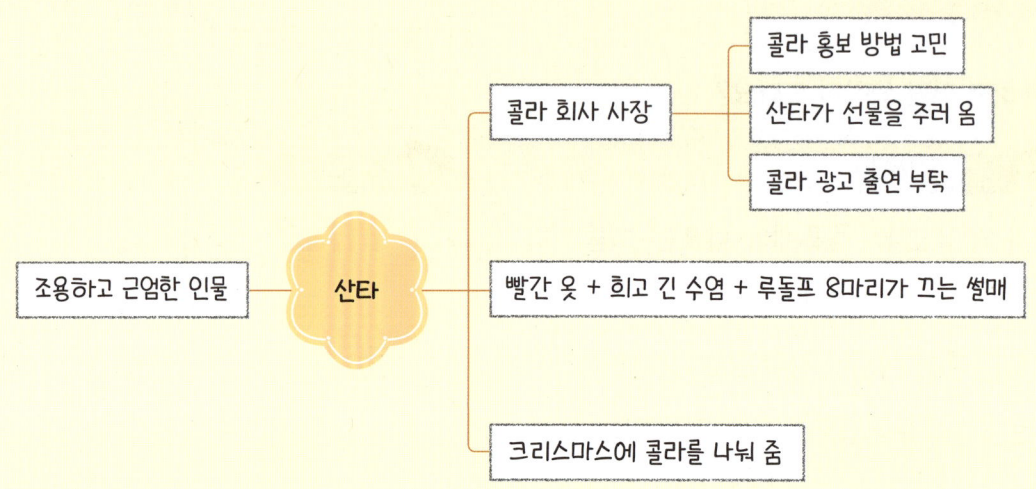

민정이의 글

산타는 원래 화려한 빨간색 옷을 입는다는 건 상상조차 못 하는 조용하고 근엄한 인물이었다. 어느 크리스마스 날, 산타가 콜라 회사의 사장 집으로 선물을 주러 가기 전까지는.

선물을 주러 온 산타를 발견한 사장은 그에게 자신의 회사의 콜라 광고에 출연해 달라고 부탁했다. 사장은 겨울철 콜라 판매가 줄어들자 새로운 홍보 방법을 고민하던 참이었다. 그래서 산타에게 콜라를 떠올리게 하는 빨간 옷을 입히고, 콜라 거품을 떠올리게 만드는 희고 긴 수염을 붙였다. 여기에 루돌프 8마리가 끄는 썰매를 타고 다니며 크리스마스에 콜라를 나눠 준다는 설정도 덧붙였다. 그때부터 산타는 매년 빨간 옷을 입게 되었다.

4단계 스스로 써 봐요

나의 생각 지도

나의 글

01 산타클로스가 빨간 옷을 입게 된 이유는?

1주 차 2일

02 초등학생들을 위한 꿈 3종 패키지는?

오늘의 주제

나는 다양한 종류의 꿈을 만들어 내는 꿈 공장을 운영하고 있습니다. 오늘은 우리 회사의 신제품인 '초등학생들을 위한 꿈 3종 패키지'의 제품 발표회 날입니다. 오늘 발표하는 상품을 사람들에게 소개해 보세요.

1단계 배경 지식을 쌓아요

✪ 꿈에도 종류가 있을까?

- 길몽 : 내가 좋아하거나 바라는 일이 이루어지는 좋은 꿈
- 흉몽 : 기분 나쁜 꿈, 바라지 않는 불길한 일이 일어나는 꿈
- 악몽 : 무서운 꿈(흉몽과 비슷한 꿈)
- 역몽 : 현실과는 반대되는 이야기의 꿈
- 개꿈 : 특별한 내용 없이 이런저런 이야기가 섞여 있는 꿈
- 허몽 : 현실에서는 일어날 수 없는 헛된 꿈
- 태몽 : 자신 또는 자신의 주변 사람들이 아이를 가지게 될 것을 알려 주는 꿈
- 영몽 : 조상님이나 신이 나타나 앞으로 일어날 좋은 일, 나쁜 일을 말해 주는 꿈
- 자각몽 : '나는 지금 꿈을 꾸고 있는 거야.'라는 걸 아는 상태에서 꾸는 꿈
- 예지몽 : 현실에서 일어나게 될 일을 미리 보여 주는 꿈

공부한 날 ○월 ○일

 **선생님의 조언** | 분명히 잠을 자고 있는데 깨어 있을 때처럼 무엇을 보거나, 듣는 걸 '꿈'이라고 합니다. 나는 꿈을 자주 꾸는 편인가요? 아니면 꿈을 거의 꾸지 않는 편인가요? 꿈은 꾸는 게 좋을까요? 안 꾸는 게 좋을까요?

2단계 생각을 틔워요

1 나는 어떤 꿈을 자주 꾸나요?

 해솔이의 글

내가 먹고 싶은 음식을 마음껏 먹는 꿈을 자주 꾼다. 초코케이크, 딸기 케이크, 치즈케이크 등이 가득 올려져 있는 식탁에서 케이크를 먹는 꿈을 자주 꾼다.

나의 글

2 내가 꾸고 싶은 꿈은 어떤 꿈인가요?

 해솔이의 글

엄청난 부자가 되어서 돈으로 사고 싶은 이 세상 모든 것을 사는 꿈을 꾸고 싶다. 아마 이건 부자가 되고 싶은 내 마음 때문에 꾸는 것 같긴 하지만.

나의 글

3 초등학생들은 어떤 꿈을 꾸고 싶어할까요?

 해솔이의 글

요즘 초등학생들은 남자 친구, 여자 친구에 관심이 많아 내가 좋아하는 사람과 사귀는 꿈을 꾸고 싶어 하지 않을까? 아니면 내가 상상하는 대로 이루어지는 꿈?

나의 글

3단계 친구의 생각을 살펴봐요

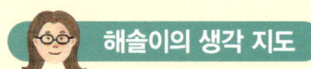
해솔이의 생각 지도

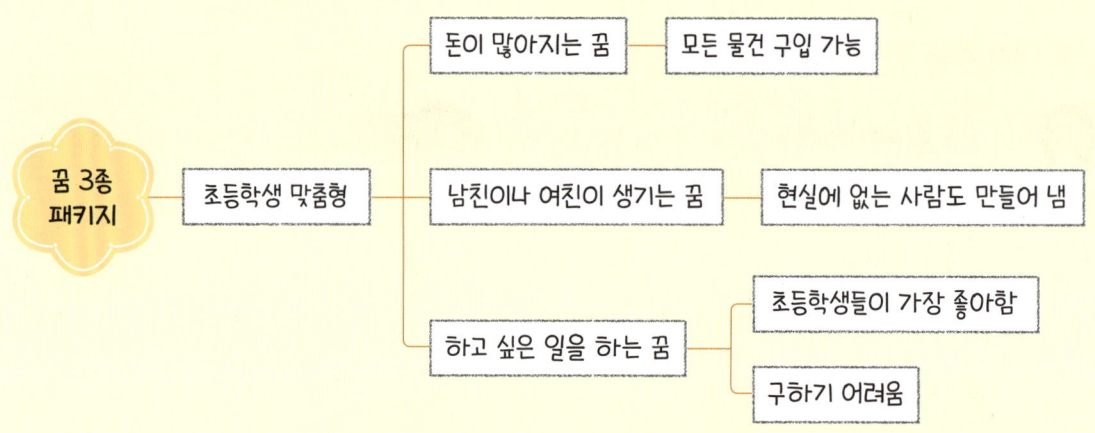

해솔이의 글

이 자리에 참석해 주신 여러분께 감사드립니다. 초등학생들을 위한 '꿈 3종 패키지'는 앞으로 초등학생들의 많은 인기를 끌게 될 상품입니다. 초등학생 맞춤형으로 제작되었기 때문입니다. 그럼 우리 공장의 신제품, '꿈 3종 패키지' 속에 들어 있는 꿈을 발표해 보겠습니다.

첫 번째는 사고 싶은 물건을 모두 다 살 수 있는 꿈입니다.

두 번째는 자신이 원하는 남자 친구나 여자 친구가 생기는 꿈입니다. 꿈속에서는 실제로 존재하지 않는 사람도 만들어 낼 수 있습니다.

세 번째는 하고 싶은 일을 마음껏 다 할 수 있는 꿈입니다.

초등학생들에게 가장 인기가 많을 상품은 세 번째 상품입니다. 그래서 구하기도 어렵습니다. 만약 이 꿈을 원하신다면 지금 바로 줄을 서세요.

4단계 스스로 써 봐요

나의 생각 지도

나의 글

1주 차 3일
03 옛날 사람들이 주사위를 만들게 된 이유는?

오늘의 주제

정육면체에 여섯 가지 숫자가 적힌 주사위. 기록에 따르면 주사위는 *역사 시대 이전부터 사용되었다고 합니다. 그 시절에는 동물의 뼈로 만든 주사위를 사용했다고 하고요. 과거의 사람들이 주사위를 만들게 된 이유를 떠올려 보고, 그 사람들이 주사위를 어떻게 사용했을지 상상해 써 보세요.

*역사 시대 : 문자 발생 이후의 시대

1단계 배경 지식을 쌓아요

✦ 통일신라 시대와 조선 시대에도 주사위 놀이가 있었다?

1. 통일신라 시대 사람들이 사용한 주사위인 '주령구'가 1975년 경주 동궁과 월지(안압지)에서 발견되었습니다. 주령구는 정사각형 면 6개와 육각형 면 8개가 더해진 14면체의 주사위입니다. 역사학자들의 연구에 따르면 주령구를 굴려 노래 부르기, 춤추기, 시 읊기 등의 벌칙을 주었다고 합니다. 통일신라 시대 사람들도 요즘 사람들처럼 주사위를 사용해 벌칙을 주었다니, 참 재밌지 않나요?

2. 조선 시대 승경도 놀이는 '윤목'이라고 불리는 5각 기둥 모양 주사위를 던져서 나온 수에 맞춰 이동하는 놀이입니다. 가장 낮은 관직인 9품부터 1품까지 적혀 있는 놀이판에 윤목을 굴리며 높은 관직을 차지하기 위해 겨루는 놀이입니다. 가장 먼저 도착점에 도착하는 보드게임들과도 비슷한 부분이 있는 것 같죠? 승경도 놀이가 궁금한 친구들은 글쓰기 전에 승경도 놀이를 한번 찾아보세요. 요즘 스타일에 맞춰 실제 보드게임으로 만들어진 승경도 놀이도 있답니다.

공부한 날   월   일

 **선생님의 조언** | 주사위는 아주 오래전부터 사용되어 온 장난감입니다. 주사위는 어떤 결과가 나올지 알 수 없는 무작위(같은 확률로 일이 일어나는 것) 결과를 얻을 수 있어 유용한 놀이 도구로 꼽힙니다.

1 주사위는 왜 만들어졌을까요?

현중이의 글
> 게임을 해야 할 때나 벌칙 받을 사람을 뽑아야 할 때 사용하려고 주사위를 만든 것 같다. 한 사람을 뽑는 게 어려울 때 주사위로 정하면 쉽게 뽑을 수 있다.

나의 글

2 과거(통일신라 시대, 조선 시대 등)에 주사위를 던져 결정할 만한 일에는 어떤 것들이 있을까요?

현중이의 글
> 음식을 준비할 사람을 고를 때, 농사지을 사람을 고를 때, 나라의 중요한 행사를 해야 하는 날을 고를 때 사용했을 것 같다.

나의 글

3 주사위는 어떤 사람들이 사용했을까요?

현중이의 글
> 주사위는 동물의 뼈나 나무를 깎아 만들 수 있다. 만드는 데 돈이 많이 필요한 게 아니라서 나이나 신분과 상관없이 다양한 사람들이 사용했을 것 같다.

나의 글

3단계 친구의 생각을 살펴봐요

현중이의 생각 지도

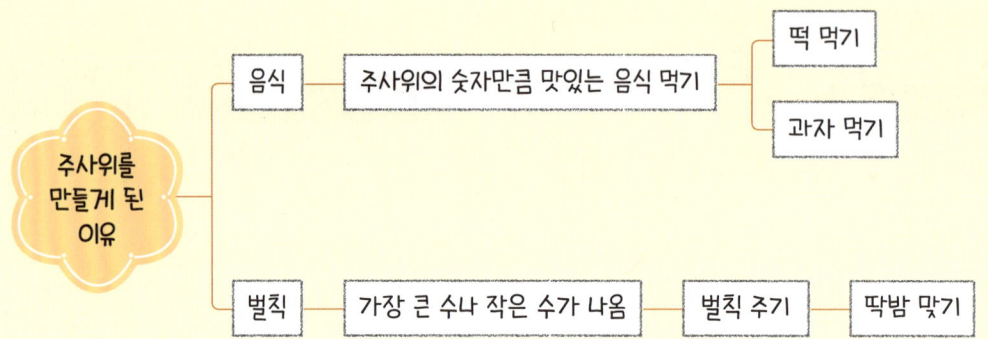

현중이의 글

옛날 사람들은 주사위를 왜 만든 것일까? 나는 두 가지 이유 때문이라고 생각한다. 그 두 가지는 음식과 벌칙이다. 주사위를 만든 이유와 사용 방법을 두 가지로 나눠 상상해 봤다.

첫 번째, 음식을 먹을 때 사용하기 위해서다. 주사위에는 숫자가 적혀 있다. 주사위를 던져 나온 수만큼 떡이나 과자 같은 맛있는 음식을 먹었을 것 같다.

두 번째, 벌칙을 주기 위해서다. 주사위를 던져 가장 큰 수나 작은 수가 나온 사람을 고른다. 그리고 그 사람에게 딱밤을 준다. 이처럼 벌칙 줄 사람을 고르기 위해 주사위가 필요하지 않았을까?

옛날 사람들이 주사위를 사용한 방법과 지금 내가 사용하는 방법이 비슷할 것 같다.

4단계 스스로 써 봐요

나의 생각 지도

나의 글

04 두 개의 달이 떠 있는 세상을 어떻게 그려 볼까?

오늘의 주제

두 개의 달이 떠 있는 세상을 그린다면 어떻게 그릴 수 있을까요? 세상을 두 쪽으로 나눠 그릴 건가요? 그렇다면 양쪽 모두 밤일까요? 아니면 두 개의 달이 나란히 떠 있을까요? 두 개의 달이 떠 있는 세상의 모습을 어떻게 그릴 것인지 상상해 써 보세요.

1단계 배경 지식을 쌓아요

☆ **어느 초현실주의자의 이야기**

> "우주에는 달이 한 개뿐이지만, 모든 사람은 자신만의 달을 본다."

초콜릿으로 유명한 벨기에 출신의 초현실주의 화가 르네 마그리트가 남긴 말입니다. 그는 왜 '자신만의 달'이라는 단어를 사용했을까요? 사람들의 모습이 서로 다르듯이, 사람들이 바라보는 달의 모습이 서로 다르다고 생각한 걸까요? 아니면 사람들이 달을 바라보는 위치나 방향에 따라 달의 모습이 달라지기 때문일까요? 르네 마그리트가 자기 생각을 풀어서 설명하지 않았기 때문에 우리는 그의 생각을 짐작해 볼 수밖에 없습니다.

우리는 같은 세상 속에 살고 있더라도 서로 다른 달을 보고 있는 게 아닐까요? 지구 반대편에 있는 사람들도 나와 똑같은 달을 보고 있을까요? 실제 달은 하나지만 어떤 나라, 어떤 장소, 어떤 시간에 달을 보느냐에 따라 달이 달라지는 게 아닐까요?

공부한 날　월　일

 **선생님의 조언** | '초현실주의'는 예술 작품을 만들 때 무의식, 꿈속의 세계처럼 표현하는 미술 운동을 말합니다. 현실이라는 한계를 초월(한계를 뛰어넘음)한다고 해서 초현실주의라는 이름을 사용한 걸까요?

2단계　생각을 틔워요

1 달이 없는 세상에서는 어떤 일이 일어날까요?

정빈이의 글
달이 없어 매우 컴컴하다. 어두운 세상이 되어 사람들이 잠을 많이 잔다. 범죄가 많이 생긴다.

나의 글

2 달이 두 개가 된다면 그렇게 변한 이유는 무엇일까요?

정빈이의 글
원래 달은 두 개였다. 두 개였던 달이 완벽하게 겹쳐 있어 하나처럼 보였던 것이다. 두 개로 변해야 하는 시간이 되어 두 개가 된 것이다.

나의 글

3 달이 두 개가 된다면 사람들의 생활은 어떻게 변하게 될까요?

정빈이의 글
밤이 낮처럼 밝아진다. 그래서 사람들이 밤인데도 낮처럼 일을 하게 된다.

나의 글

04 두 개의 달이 떠 있는 세상을 어떻게 그려 볼까?

3단계 친구의 생각을 살펴봐요

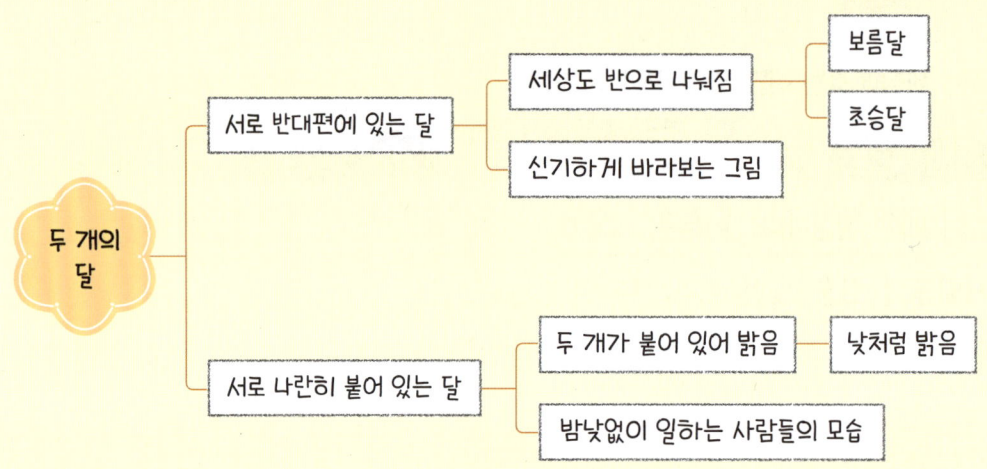

정빈이의 글

두 개의 달이 떠 있는 세상은 어떤 모습일까? 두 개의 달이 멀리 반대편에 떨어져 있을까? 아니면 나란히 붙어 있을까? 두 개의 달이 떠 있는 세상의 모습을 어떻게 그릴지 두 가지로 상상해 봤다.

첫 번째, 두 개의 달이 서로 반대편에 있게 그린 그림. 두 개의 달이 서로 반대편에 있으니깐 세상도 반으로 나눠지게 그릴 것이다. 한쪽은 보름달로, 다른 한쪽은 초승달로. 세상 사람들이 달을 신기하게 보고 있는 그림을 그려 보면 어떨까?

두 번째, 두 개의 달이 나란히 붙어 있게 그린 그림. 이 세상의 밤은 낮처럼 밝다. 달이 두 개가 붙어 있어 훨씬 밝다. 누군가가 밤이라고 설명하지 않으면 낮이라고 생각할 정도로 밝다. 그래서 이 그림에는 밝은 세상에서 밤낮없이 일하는 사람들의 모습을 그릴 것이다.

4단계 스스로 써 봐요

나의 생각 지도

나의 글

05 운전면허증처럼 어른 면허증이라는 게 있다면?

1주 차 5일

오늘의 주제

운전면허 시험에 통과하면 운전면허증이라는 자격증을 줍니다. 만약 '어른 면허증'이라는 게 있다면 이 시험에서는 어떤 문제들이 출제될까요? 자신이 출제 위원이라고 생각하고 세 가지 문제와 풀이를 함께 써 보세요.

1단계 배경 지식을 쌓아요

✿ **어른이 되고 싶지 않아!**

'피터 팬 증후군(Peter Pan syndrome)'이라는 말을 들어 본 적 있나요? 이 말은 미국의 심리학자인 댄 카일러가 쓴 책에 등장하는 개념입니다. 몸과 나이는 어른이 되었지만, 진짜 어른이 가져야 할 책임감을 느끼고 싶지 않아 영원히 어린이에 머무르고 싶어 하는 어른들을 가리켜 '피터 팬 증후군'에 걸렸다고 말합니다.

여러분이 알고 있는 애니메이션의 주인공 피터 팬도 어른이 되지 않고 영원히 소년으로 살아갔죠? 서양 사람들에게 피터 팬이라는 이름은 어른이 되고 싶지 않은 것을 나타내는 특별한 단어입니다.

그렇다면 어른이 된다는 건 무엇일까요? 만 19세 이상이 되면 만 18세 때와 전혀 다르게 어른으로 '짜자잔'하면서 '레벨업'하는 걸까요? 여러분이 생각하는 어른은 어떤 사람인가요?

공부한 날 　월　　일

선생님의 조언 | 우리는 다 자란 사람을 '어른'이라고 합니다. 어른이 되는 기준은 무엇일까요? 키? 나이? 고등학교 졸업? 어른이 된다는 건 무엇일까요? 어른이 되기 위해서는 어떤 마음가짐이나 특성이 필요할까요?

2단계　생각을 틔워요

1　나이가 많으면 어른일까요?

- 연화의 글
  나이가 많으면 어른이긴 하다. 하지만 나이만 많다고 해서 모두가 진짜 어른은 아니라고 생각한다. 나이에 맞게 생각하고 행동할 줄 알아야 진짜 어른일 것 같다.

- 나의 글

2　내 주변에 있는 멋진 어른은 누구인가요?

- 연화의 글
  나의 부모님은 매일 아침 일하러 가시는 게 즐겁다고 하신다. 멋진 어른이라면 나의 부모님처럼 자기 직업을 좋아하고 열심히 해야 한다고 생각한다.

- 나의 글

3　어른이 되는 데 꼭 필요한 한 가지는 무엇일까요?

- 연화의 글
  어른은 책임감이 있어야 할 것 같다. 아이들은 배우는 과정이라 실수할 수도 있지만, 어른은 자신이 한 행동에 책임을 져야 한다.

- 나의 글

3단계 친구의 생각을 살펴봐요

연화의 생각 지도

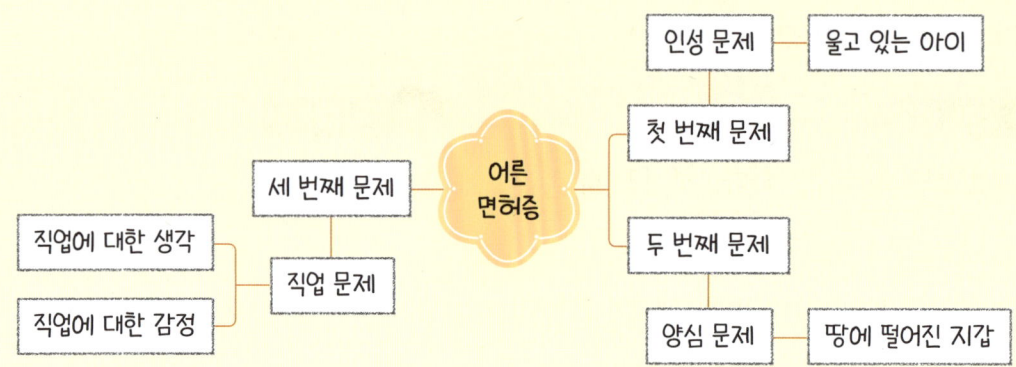

연화의 글

어른 면허증 시험의 첫 번째 문제는 인성 문제를 낼 것이다. 예를 들면 '어떤 한 어린이가 다쳐서 울고 있습니다. 이때 당신이라면 어떻게 할 것인가요? 도와줄 건가요? 외면할 건가요? 만약 도와준다면 어떻게 도와줄 건가요?'와 같은 걸 묻는 것이다.

두 번째 문제는 양심 문제다. '당신이 길을 걷는 도중에 땅에 떨어져 있는 지갑을 발견했습니다. 이 지갑을 어떻게 할 것인가요?'와 같은 걸 묻는 것이다.

세 번째 문제는 자신의 직업이 무엇인지, 어떤 감정을 가지고 일하는지와 관련된 직업 문제다. 이 문제는 자신의 직업에 관한 생각과 감정을 솔직하게 적으면 된다.

이런 세 문제라면 어른인지 어린이인지를 확인할 수 있지 않을까?

4단계 스스로 써 봐요

나의 생각 지도

나의 글

어른 면허증 그리기

주민등록증이나 운전면허증처럼 진짜 어른 면허증이 있다면 어떻게 생겼을까요? 면허증 속에는 어떤 내용이 적혀 있을까요? 이름? 주소? 이 사람이 어른인 이유? 어른 면허증을 상상해 그려 봅시다.

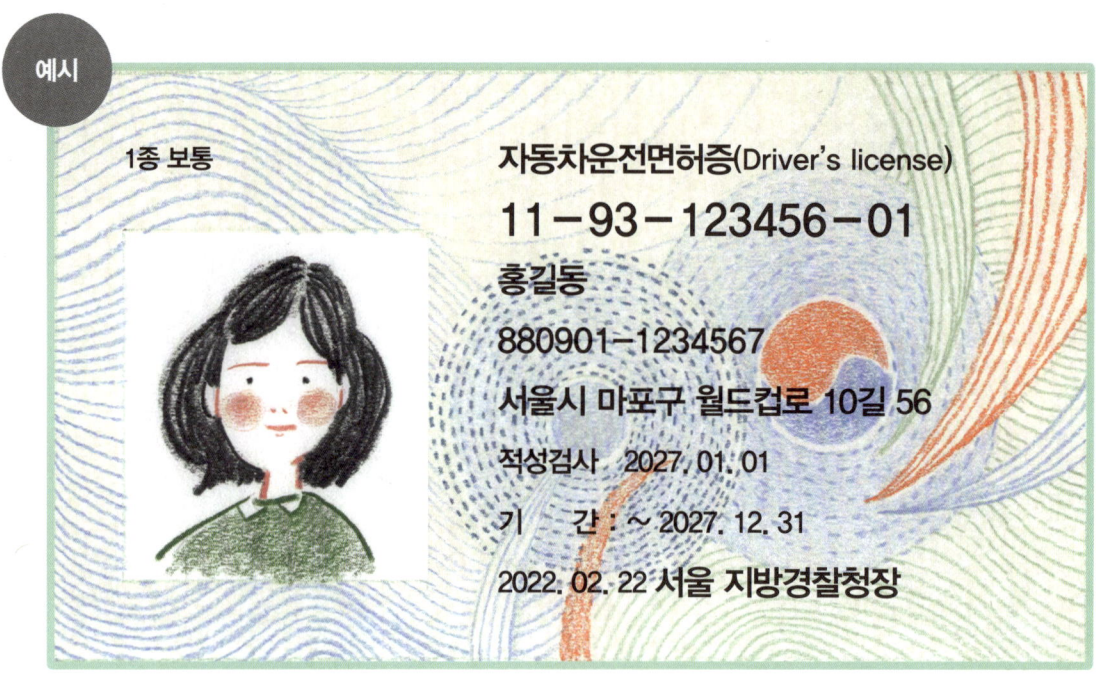

예시

1종 보통

자동차운전면허증(Driver's license)
11-93-123456-01
홍길동
880901-1234567
서울시 마포구 월드컵로 10길 56
적성검사   2027. 01. 01
기   간 : ~ 2027. 12. 31
2022. 02. 22 서울 지방경찰청장

06	2주 차 1일	경제	슬라임 한 주먹으로 부자가 될 수 있을까?
07	2주 차 2일	과학	자외선이 싫어 갈색 유리병 속에 살게 되었다고?
08	2주 차 3일	사회	나는 편식 해결사! 내 이야기를 들려줄까?
09	2주 차 4일	예술	나는 영화감독! 내가 만든 영화 이야기를 들려줄까?
10	2주 차 5일	철학	과거, 현재, 미래 중 하나를 선택한다면?

2주 차 1일
06 슬라임 한 주먹으로 부자가 될 수 있을까?

오늘의 주제

《좁쌀 한 톨》이라는 전래동화가 있습니다. 좁쌀 한 톨을 가진 총각이 좁쌀을 쥐로, 쥐를 개로, 개를 말로, 말을 황소로 바꿔가며 나중에 큰 부자가 된다는 이야기죠. 내가 주인공이 되었다고 상상해 보며 《좁쌀 한 톨》이라는 전래동화를 요즘 시대에 맞춰 써 볼까요? 좁쌀 한 톨 대신 슬라임 한 주먹에서 시작해 보세요!

1단계 배경 지식을 쌓아요

✦ 전래동화 《좁쌀 한 톨》

아주 먼 옛날 한 총각이 좁쌀 한 톨을 가지고 여행을 떠났어. 이 총각이 잠시 쉬려고 주막에 들렀는데 그때 총각의 좁쌀을 쥐가 먹어 버렸지 뭐야. 그런데 이 쥐를 주막집 개가 잡아먹어 버렸어. 총각은 주막 주인에게 이렇게 말했어. "그 개라도 주시오." 총각은 이렇게 좁쌀 한 톨을 개로 바꾸게 되었어.

계속해서 여행하던 총각은 다른 주막에 도착해 개를 맡기고 저녁을 먹고 있었는데, 그 집에 있던 말이 개를 밟아 버려 개가 죽고 말았어. 총각은 죽은 개를 대신해 말을 받고 다시 길을 떠났어. 그다음으로 도착하게 된 주막에서는 총각의 말이 황소의 뿔에 받혀 죽는 일이 일어났어. 결국 총각은 죽은 말을 대신해 그 집의 황소를 받게 되었지. 총각은 다시 황소를 데리고 떠났어.

좁쌀 한 톨로 시작한 총각은 그다음에 황소를 무엇으로 바꾸게 되었을까? 그건 비밀이야. 다음 이야기가 궁금한 친구들은 이 이야기를 한번 찾아보는 게 어떨까? 힌트를 좀 주자면 총각은 나중에 엄청나게 큰 부자가 되었다고 해.

공부한 날   월   일

 **선생님의 조언** | 물물교환은 물건을 교환하는 것뿐만 아니라 필요에 따라 노동력을 주고받기도 했습니다. 예를 들어, A라는 집에서 이사할 때 일손을 보태고, B라는 집에서 김장할 때 일을 도와주는 품앗이도 물물교환에 포함됩니다.

2단계 생각을 틔워요

1 《좁쌀 한 톨》이라는 전래동화를 읽거나 듣고 어떤 생각이 들었나요?

정빈이의 글
좁쌀 한 톨을 가지고 부자가 되었다는 게 신기했다. 엄청난 부자가 되지 않더라도 좁쌀 한 톨을 가지고 황소를 얻게 되면 그것만으로도 성공한 게 아닐까?

나의 글

2 사람들이 물물교환하는 이유는 무엇일까요?

정빈이의 글
상대방이 가진 물건이 서로 필요하기 때문이다. 물론 돈이 발명된 다음에 달라지긴 했지만, 때때로 물물교환이 편한 점이 있을 것 같다.

나의 글

3 슬라임 한 주먹과 바꿀 만한 물건에는 어떤 것이 있을까요?

정빈이의 글
슬라임마다 가격 차이가 있는데 내가 쓰는 수제 슬라임은 10,000원 정도 한다. 슬라임 한 주먹이니까 색연필이나 볼펜 몇 자루와 바꿀 수 있지 않을까?

나의 글

3단계 친구의 생각을 살펴봐요

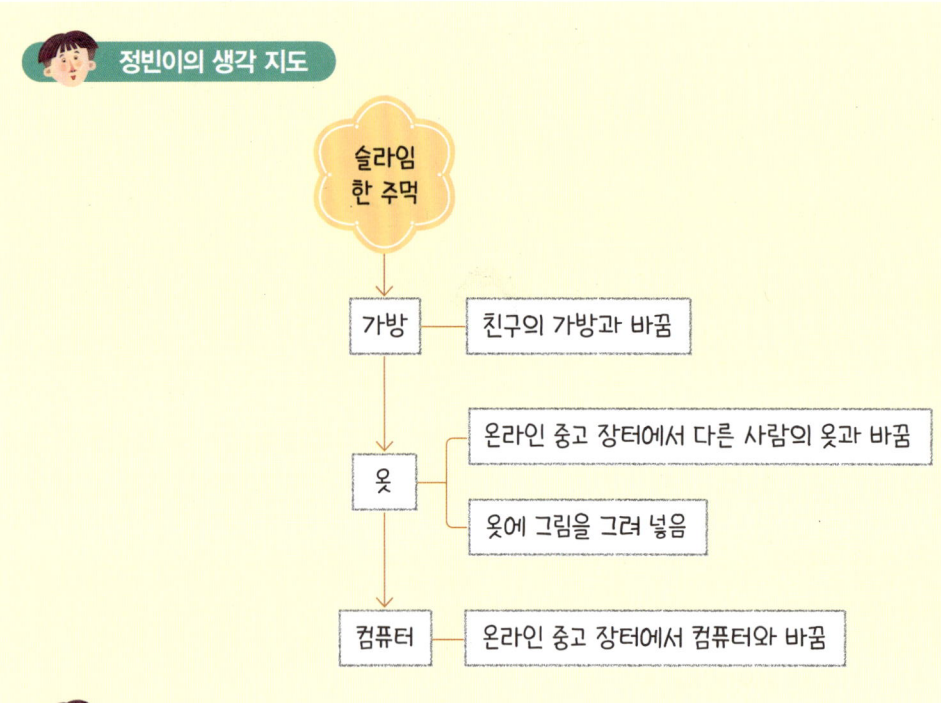

정빈이의 생각 지도

정빈이의 글

2022년의 어느 날, 나는 슬라임 한 주먹을 만지고 있었다. 그때 친구가 나에게 물었다.

"내가 옛날에 쓰던 가방이 있는데, 아직 새것 같아. 네 슬라임이랑 내 가방이랑 바꿀까?"

나로서는 나쁘지 않은 제안이었다. 난 "좋아!"라고 대답했고, 그렇게 가방을 얻었다.

얼마 후 나는 친구에게 받은 가방을 온라인 중고 장터를 이용해서 다른 사람의 옷과 바꾸었다. 슬라임이 옷으로 바뀐 것이다. 나는 어떻게 하면 옷을 또 다른 물건으로 바꿀 수 있을지 고민했다. 결국 내가 직접 옷에 그림을 그려 넣었다. 그리고 이 옷을 온라인 중고 장터에 올렸다. 신기하게도 내가 그린 그림이 옷과 너무 잘 어울린다며 자신의 컴퓨터와 바꿀 수 있냐고 물어보는 댓글이 달렸다. 결국 나는 옷과 컴퓨터를 바꾸게 되었다.

4단계 스스로 써 봐요

나의 생각 지도

나의 글

07 자외선이 싫어 갈색 유리병 속에 살게 되었다고?

오늘의 주제

유리병 중에서 태양광선을 가장 잘 막아 준다고 알려진 갈색 유리병. 태양광선에서 나오는 자외선이 싫어 갈색 유리병 속에서 살게 된 초등학생의 이야기를 상상해 써 보세요.

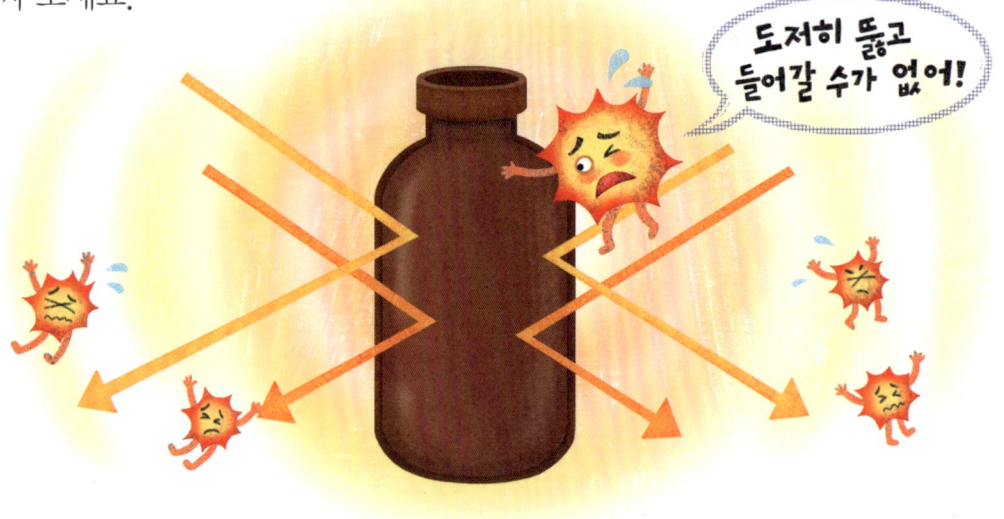

1단계 배경 지식을 쌓아요

✦ 다양한 유리병의 색깔과 모양

마트에 갔을 때 유리병들의 색깔이나 모양을 관찰해 본 적이 있나요? 비타민이 들어 있는 음료 병은 어떤 색깔이고, 어떻게 생겼나요? 음료수가 담긴 병은 어떤 색깔이고, 어떻게 생겼죠? 파스타 소스나 올리브가 담긴 유리병은 보통의 유리병보다 더 넓적하지 않나요? 물질의 특성에 따라 사용하는 유리병의 색깔이나 모양이 달라집니다.

✦ 기름을 갈색 유리병에 담는 이유는?

비빔밥에 들어가는 참기름이나 마사지할 때 사용하는 아로마 오일과 같은 기름은 주로 갈색 유리병에 담겨 있는 경우가 많습니다. 왜 다른 색이 아닌 갈색 유리병에 담겨 있는 걸까요? 그 이유는 자외선 때문입니다. 태양광선 속의 자외선이 기름과 만나면 산패현상이 일어나게 됩니다. 산패현상이 일어나면 먹거나 사용하지 못하게 되죠. 이런 이유로 투명 유리병에 비해 빛을 많이 막아 주는 갈색 유리병을 사용하는 것입니다.

공부한 날   월   일

 **선생님의 조언** | '선크림'으로 불리는 자외선차단제를 알고 있죠? 자외선은 빛에서 나오는 전자기파입니다. 선크림을 바르거나 모자를 쓰는 일은 모두 태양에서 나오는 자외선을 막기 위한 행동입니다.

2단계 생각을 틔워요

1 마트나 시장에서 갈색 유리병을 본 경험을 써볼까요?

> **선영이의 글**
> 가끔 부모님과 함께 갔던 동네 마트에서 참기름, 들기름과 같은 기름이 갈색 유리병에 담겨 있는 걸 본 적이 있다.

> **나의 글**

2 어떤 음식이나 재료들이 갈색 유리병에 담겨 있을까요?

> **선영이의 글**
> 주로 참기름, 들기름, 홍삼, 비타민 음료, 화장품, 영양제 등이 갈색 유리병에 담겨 있다.

> **나의 글**

3 갈색 유리병에 담긴 음식이나 재료들을 보면서 어떤 궁금증이 생겼나요?

> **선영이의 글**
> 참기름 병은 왜 갈색일까? 왜 투명이나 녹색 병에는 안 담았을까? 갈색 병에 담으면 더 오래 사용하거나 보관할 수 있기 때문일까? 이런 점들이 궁금했다.

> **나의 글**

3단계 친구의 생각을 살펴봐요

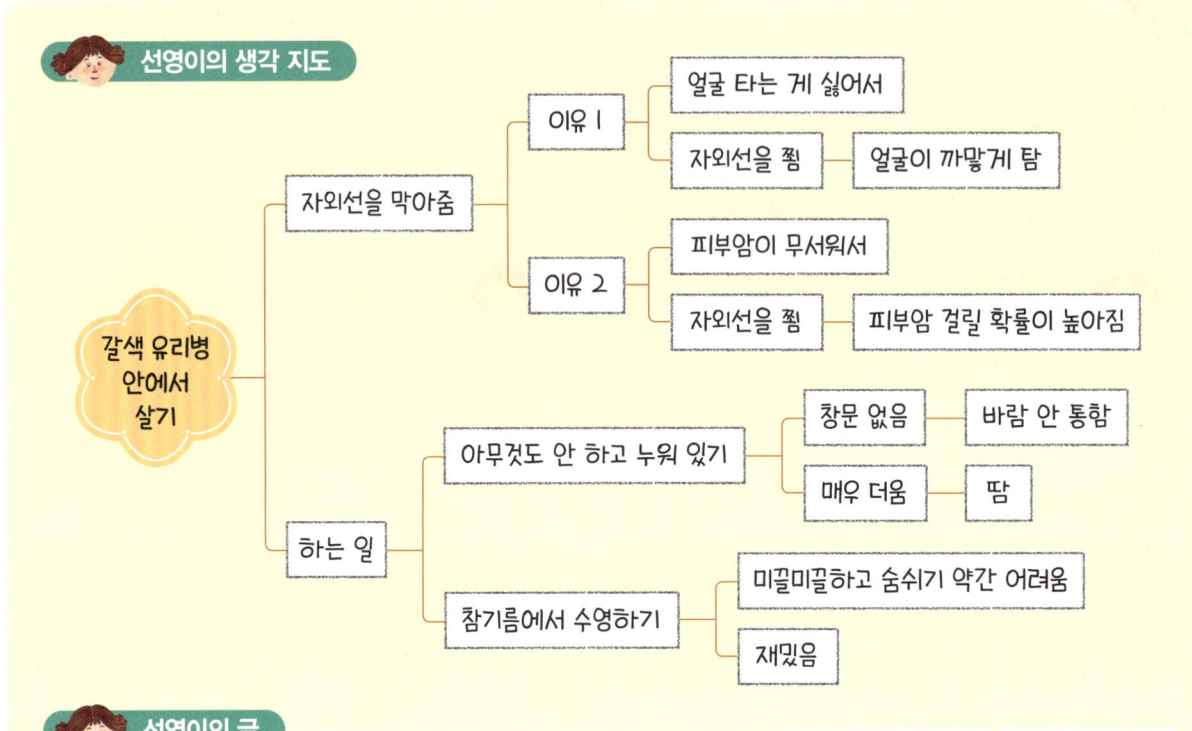

선영이의 글

나는 자외선이 너무 싫어 커다란 갈색 유리병 속에서 살겠다는 결정을 했다. 물론 쉬운 결정은 아니었다. 하지만 다음 두 가지 이유로 인해 마음을 정했다. 하나, 얼굴 타는 게 싫다. 자외선을 쬐어 얼굴이 까맣게 변하는 게 싫다. 둘, 피부암에 걸리고 싶지 않다. 책에서 읽었는데 자외선을 많이 쬐면 피부암에 걸릴 확률이 높아진다고 한다.

내가 갈색 유리병 속에서 가장 많이 하는 건 다음 두 가지다.

첫째, 아무것도 안 하고 누워 있기. 유리병이라서 창문이 없다. 그래서 바람이 통하지 않아 매우 덥다. 되도록 땀이 안 나게 하려고 그냥 누워 있을 때가 많다.

둘째, 참기름에서 수영하기. 부모님께 유리병 속으로 참기름을 넣어 달라고 해서 기름 속에서 수영하며 논다. 온몸이 미끌미끌해지고, 숨쉬기가 좀 어렵긴 하지만 나름 재밌는 놀이다.

4단계 스스로 써 봐요

나의 생각 지도

나의 글

08 나는 편식 해결사! 내 이야기를 들려줄까?

오늘의 주제

나는 초등학생들의 편식 습관을 해결해 주는 편식 해결사입니다. 브로콜리, 당근, 가지, 나물을 싫어하는 초등학생의 편식을 멋지게 고쳐 낸 이야기를 상상해 써 보세요.

1단계 　 배경 지식을 쌓아요

☆ **초등학생들이 먹기 싫어하는 음식은?**

초등학교에서 급식 메뉴에 나오면 "웩, 먹기 싫어!"라는 반응이 나오는 음식들이 몇 가지 있습니다. 그중 대표적인 건 브로콜리입니다. 편식 대장이라고 할 수 있을 정도로 브로콜리를 싫어하는 친구들이 많습니다. 하지만 브로콜리 수프에 들어 있는 브로콜리는 맛있게 잘 먹는 친구들도 있습니다. 브로콜리를 피자에 올려 먹거나 햄버거 속에 썰어 넣는다면 어떨까요? 피자와 햄버거의 맛과 향 때문에 브로콜리의 맛이 안 느껴지진 않을까요?

초등학생들이 먹기 싫어하는 두 번째 음식은 당근입니다. 김밥에 들어간 당근을 빼고 먹는 친구들을 본 적 있나요? 당근에서 나는 특유의 향 때문에 싫어하는 친구들이 많습니다. 그런데 신기하게도 이런 친구들이 당근 케이크는 잘 먹습니다. 또 라면 속에 들어 있는 말린 당근은 가리지 않죠.

브로콜리와 당근처럼 인기 없는 채소들도 어떤 음식과 함께 먹는지, 어떻게 요리하여 먹느냐에 따라 그 맛이 조금씩 달라집니다. 이게 편식을 줄일 수 있는 한 가지 방법이 될 수 있지 않을까요?

공부한 날   월   일

 **선생님의 조언** | 음식을 가려서 특정한 음식만 골라 먹는 편식. 편식이 문제인 이유는 영양 불균형과 영양 결핍을 유발할 수 있기 때문입니다. 건강한 몸을 만들기 위해서는 음식을 골고루 먹고, 되도록 편식하지 않는 것이 좋습니다.

2단계 생각을 틔워요

1 내가 편식하는 음식은 무엇인가요?

> **민정이의 글**
> 첫 번째로 콩. 콩은 죽어도 먹기 싫다. 그 밖에는 시금치, 브로콜리, 대파, 양파, 당근 등이 싫다. 이 채소들은 되도록 조금만 먹으려고 하고 있다.

> **나의 글**

2 이 음식의 맛이나 향을 없애 줄 다른 음식은 무엇일까요?

> **민정이의 글**
> 이 음식들을 잘게 썰거나 갈아서 보이지 않을 정도로 만든 다음, 달거나, 맵거나, 짠 음식에 섞으면 될 거 같다. 브로콜리 쿠키나 당근 케이크처럼 만들면 어떨까?

> **나의 글**

3 초등학생들의 편식을 없앨 한 가지 방법을 고르자면 무엇이 있을까요?

> **민정이의 글**
> 싫어하는 음식과 좋아하는 음식을 섞어 먹는다. 처음에는 싫어하는 음식 10%, 좋아하는 음식 90%에서 시작한다. 맛과 향에 익숙해지면 점점 비율을 높인다.

> **나의 글**

08 나는 편식 해결사! 내 이야기를 들려줄까?

3단계 친구의 생각을 살펴봐요

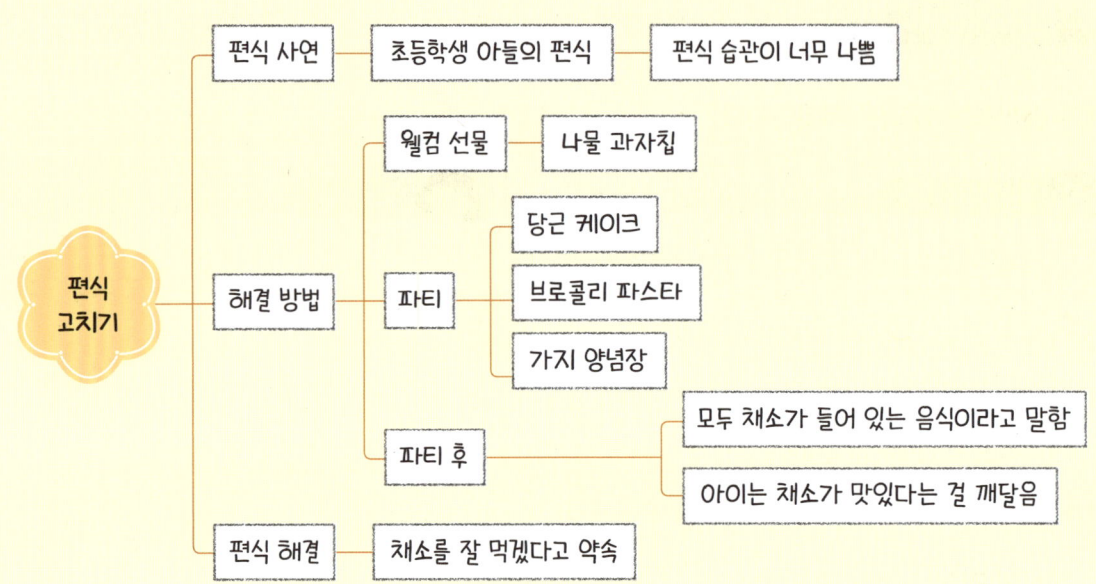

민정이의 글

나는 편식 습관을 한 번에 고쳐 주는 편식 해결사다. 오늘 아침, 한 학부모로부터 초등학생 아들의 편식 습관이 너무 나쁘다는 메일 한 통을 받았다.

나는 몇 가지 음식을 준비해 바로 그 아이의 집으로 찾아갔다. 집에 들어가자마자 아이에게 함께 과자를 먹자고 말했다. 그 과자는 사실 각종 나물과 함께 반죽하여 만든 건조칩이었다. 또 오늘은 파티하는 날이라고 말하며 당근 케이크, 브로콜리를 갈아 넣은 파스타, 가지를 잘게 잘라 넣은 양념장을 함께 내밀었다. 아이는 신나게 음식들을 먹어 치웠다.

모든 음식을 먹은 다음 나는 아이에게 이렇게 말했다. "오늘 네가 먹은 음식들 속에는 모두 채소가 들어가 있었단다." 아이는 채소가 이렇게 맛있는 것인 줄 처음 알았다면서 앞으로는 채소를 잘 먹겠다고 약속했다.

4단계 스스로 써 봐요

나의 생각 지도

나의 글

2주 차 4일

09 나는 영화감독! 내가 만든 영화 이야기를 들려줄까?

오늘의 주제

초등학생 영화감독이 되어 영화를 만든다면 어떤 이야기를 담고 싶나요? 친구들과의 우정 이야기? 가족들과의 사랑 이야기? 우리 학교 이야기? 인물, 사건, 배경이 드러나게 짧은 대본을 써 보세요.

1단계 배경 지식을 쌓아요

✿ **소설이나 대본에 필요한 세 가지 요소**
- 인물 : 이야기에 등장하는 사람
- 사건 : 인물들 사이에서 일어나는 이야기
- 배경 : 사건이 일어나는 시간적인 배경이나 공간적인 배경

✿ **세계 최초의 영화는?**

세계 최초로 영화를 만들어 관객들에게 선보인 사람은 프랑스의 '뤼미에르 형제'입니다. 두 사람은 '시네마토그래프'라는 카메라 겸 영사기를 설계했습니다. 우리가 영화를 말할 때 '시네마'라고 하죠? 이 단어가 바로 '시네마토그래프'에서 왔다고 합니다. 뤼미에르 형제는 1895년 12월 28일에 〈기차의 도착〉이라는 제목의 영화를 세계 최초로 상영했습니다. 움직이는 영상을 처음 본 관객들은 놀라움을 금치 못하고 "정말 대단하다."라는 반응을 보였다고 합니다.

공부한 날   월   일

 **선생님의 조언** | 영화는 영사기를 이용하여 볼 수 있는 영상 매체를 말합니다. 영화 속에는 이야기, 음악, 미술 등이 담겨 있습니다. 그런 점에서 영화는 하나의 종합 예술로 볼 수 있습니다.

2단계 생각을 틔워요

1 내가 본 영화 중에 초등학생들이 주인공인 영화가 있었나요?

민정이의 글
얼마 전에 본 〈우리들〉이라는 영화가 있다. 학교에서 일어나는 친구 관계에 대한 영화였는데 배우가 아닌 실제 초등학생이 출연해서 신기했다.

나의 글

2 초등학교에서 일어나는 일 중 영화의 소재가 될 수 있는 것은 무엇일까요?

민정이의 글
친구들과 친하게 지내는 방법, 친구들과 친하게 지내기의 어려움, 친구를 따돌리는 문제, 초등학생들의 공부 고민, 학생들과 선생님과의 추억 등이 떠오른다.

나의 글

3 이야기의 구성 요소인 인물, 사건, 배경은 어떻게 정할 건가요?

민정이의 글
인물은 몸이 불편한 승현이와 승현이를 놀리는 학생들, 사건은 친구들이 특별한 이유도 없이 승현이를 놀리는 이야기, 배경은 학교로 정했다.

나의 글

09 나는 영화 감독! 내가 만든 영화 이야기를 들려줄까? **45**

3단계 　친구의 생각을 살펴봐요

  민정이의 생각 지도

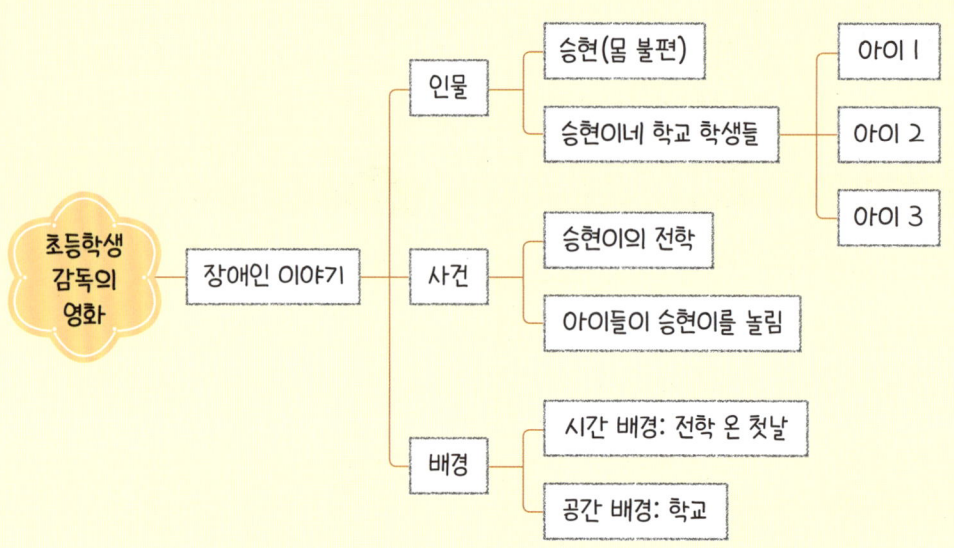

민정이의 글

나는 장애인에 관한 이야기, 장애인들이 보는 세상에 대한 영화를 만들고 싶다. 이 영화의 주인공은 두 팔이 마비된 '승현'이라는 아이다. 사건은 승현이가 다른 학교로 전학 온 첫날부터 시작된다.

승현 : 오늘은 그동안 기다리던 새로운 학교에 온 날인데, 기분이 신나지 않네. 왜 다른 아이들이 날 피하는 것 같은 기분이 들지? (걸어가던 승현이 아이 1과 부딪힌다.)

아이 1 : 야, 너 뭐해? 눈 좀 똑바로…… 아, 설마 네가 팔이 안 움직인다는 그 애냐?

승현 : 응, 부딪혀서 미안해. 내가 앞을 제대로 못 봤어.

아이 2 : 와, 네가 바로 그 소문으로만 듣던 장애인 맞지? 와, 대박.

아이 3 : 그런데 팔에 끼고 있는 그 가짜 팔은 뭐야? 아, 알겠다. 장애인이니까 그렇구나.

4단계 스스로 써 봐요

나의 생각 지도

나의 글

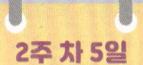

10. 과거, 현재, 미래 중 하나를 선택한다면?

오늘의 주제

과거, 현재, 미래. 세 가지 중 하나를 선택해야 한다면 여러분은 어떤 걸 선택할 건가요? 그 한 가지를 선택한 이유와 두 가지를 선택하지 않은 이유를 써 보세요.

1단계 ▶ 배경 지식을 쌓아요

✦ 과거, 현재, 미래의 좋은 점과 나쁜 점

이미 지나간 시간들을 과거, 지금을 현재, 앞으로 다가올 시간들을 미래라고 합니다. 과거, 현재, 미래의 좋은 점과 나쁜 점들이 무엇일지 한번 생각해 보세요.

	좋은 점	나쁜 점
과거	좋은 기억만 골라 떠올릴 수 있다.	현재 시점에서 바꿀 수 없다.
현재	지금 바로 행동하고 결과를 확인할 수 있다.	좋은 일이 생기면 좋지만 나쁜 일이 생겨도 내가 견뎌 내야 한다.
미래	나의 노력이나 운에 의해 바뀔 가능성이 있다.	어떻게 될지 예상할 수 없다.

공부한 날 월 일

 **선생님의 조언** | 인생에서 가장 중요한 게 무엇이냐는 물음에 많은 철학자는 '시간'이라고 대답했습니다. 부자에게도 가난한 사람에게도 똑같이 하루 24시간이라는 시간이 주어집니다. 오늘 나는 시간을 소중하게 사용했나요?

2단계 생각을 틔워요

1 과거의 좋은 점은 무엇인가요?

지우의 글
좋았던 과거는 추억이라고 생각하고, 힘들었던 과거는 잊어버리면 된다. 이미 지나간 일이기 때문에 마음 상했던 일도 옛날 일이라면서 넘어갈 수 있다.

나의 글

2 현재의 좋은 점은 무엇인가요?

지우의 글
무엇을 하든지 결과를 즉시 확인할 수 있다. 그리고 감정도 바로 느낄 수 있다. 예를 들어 현재에서 맛있는 음식을 먹으면 바로 기분이 좋아진다.

나의 글

3 미래의 좋은 점은 무엇인가요?

지우의 글
내가 노력한다면 얼마든지 바꿀 수 있다는 점이다. 그리고 미래에 어떤 일이 일어날지 모르기 때문에 기대가 되고 흥미진진하다.

나의 글

3단계 친구의 생각을 살펴봐요

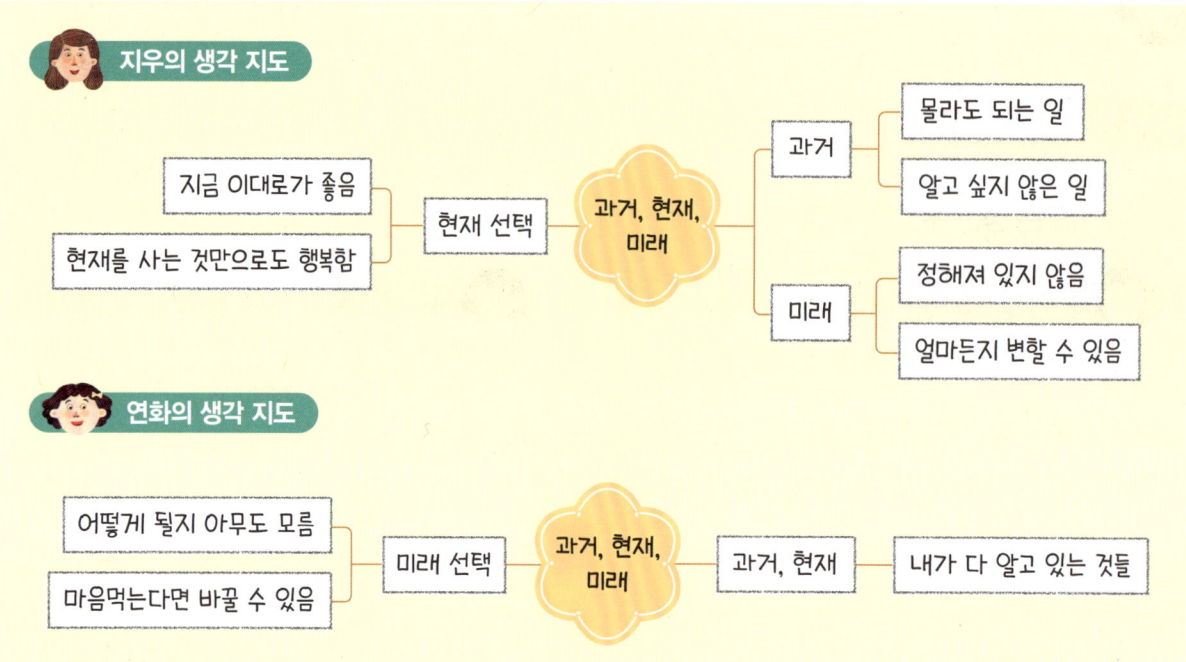

지우의 글

나는 현재를 선택할 것이다. 왜냐하면 나는 지금 이대로가 좋다. 현재를 사는 것만으로도 너무 행복하기 때문이다. 과거를 선택하지 않은 이유는 과거는 몰라도 되는 일, 알고 싶지 않은 일들이 있을 것 같기 때문이다. 미래를 선택하지 않은 이유는 미래는 정해져 있는 게 아니라 얼마든지 변할 수 있기 때문이다. 그래서 선택하지 않았다.

연화의 글

나는 미래를 선택할 것이다. 그 이유는 과거와 현재는 내가 다 알고 있는 것들이지만 미래는 그렇지 않기 때문이다. 미래가 어떻게 될지는 아무도 모른다. 그리고 미래는 내가 마음 먹는다면 얼마든지 바꿀 수 있다. 그래서 미래를 선택했다.

4단계 스스로 써 봐요

 나의 생각 지도

나의 글

함께 만들어 봐요
2

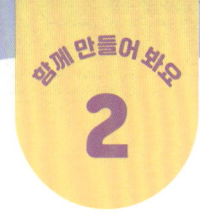

'슬라임 한 주먹' 이야기를
플로우맵으로 나타내기

내가 상상하여 만들어 낸 이야기, '슬라임 한 주먹'. 글쓰기로 이야기를 표현할 수 있지만, 이야기의 흐름을 나타내는 '플로우맵'을 활용하면 조금 더 쉽고 빠르게 내 이야기를 다른 사람들에게 전달할 수 있습니다. '슬라임 한 주먹' 이야기를 플로우맵으로 표현해 보세요.

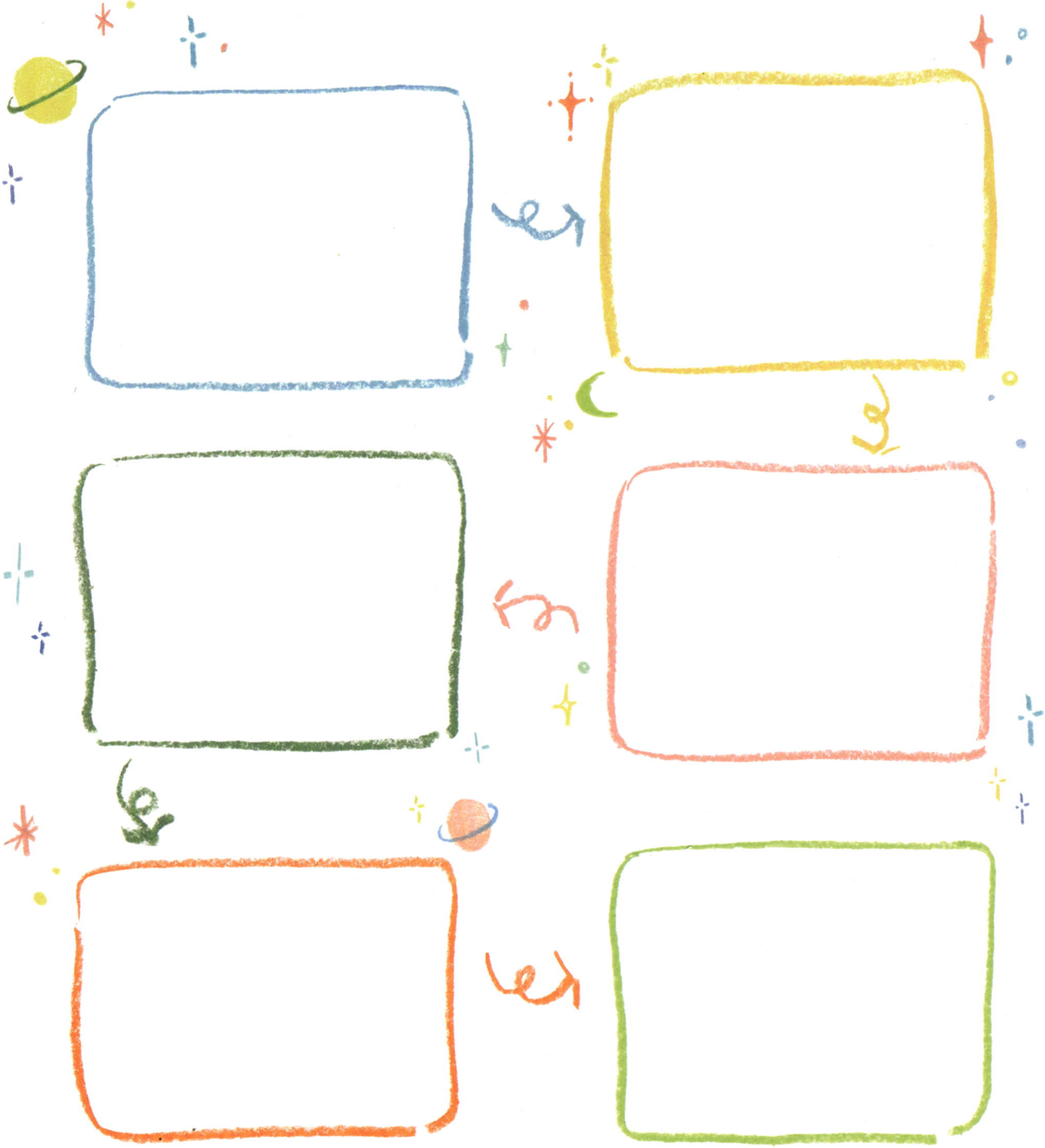

● 플로우맵이란?

이야기의 흐름에 따라 순서대로 이야기를 글과 그림으로 표현하는 것

3장

- 11 3주 차 1일 경제 5만 원 지폐가 나에게 오게 된 이유는?
- 12 3주 차 2일 과학 나는 손 소독제! 바이러스와 싸운 이야기를 해줄까?
- 13 3주 차 3일 사회 말은 제주도로, 사람은 서울로 보내야 하는 이유는?
- 14 3주 차 4일 예술 내 얼굴을 천천히, 자세히 설명해 볼까?
- 15 3주 차 5일 철학 학교에서 배울 수 있는 세 가지는?

3주 차 1일

11 5만 원 지폐가 나에게 오게 된 이유는?

오늘의 주제

2020년 1월 1일 한국은행에서 만들어진 5만 원짜리 지폐가 대한민국 이곳저곳을 돌아 2024년 1월 1일 나에게 도착했습니다. 이 5만 원짜리 지폐가 그동안 어디에서 어떤 일을 겪었을지 상상해 써 보세요.

1단계 배경 지식을 쌓아요

✭ 5만 원권의 역사

5만 원권 지폐는 2009년 6월 23일에 최초로 만들어졌습니다. 1973년에 1만 원권 지폐가 처음 만들어진 이후, 36년 만에 더 큰 금액의 지폐가 만들어진 것입니다. 5만 원권 지폐의 인물은 신사임당으로, 5천 원권 지폐의 주인공인 율곡 이이 선생의 어머니시죠.

대한민국에 있는 지폐 중에 가장 비싼 지폐인 5만 원권 지폐는 한국은행에서 만듭니다. 한 달에 2조 원 정도를 찍어 내는 때도 있다고 하니 정말 대단하죠? 이 돈은 모두 어디로 가는 걸까요? 어떤 사람들이 사용하는 걸까요?

아무래도 5만 원권 지폐는 지폐 중에 가장 큰 금액이므로 작은 가게보다는 마트, 백화점, 고급 식당 같은 곳에서 많이 사용된다고 합니다. 또한 결혼식장, 장례식장 같은 곳에서 축의금이나 조의금을 낼 때도 5만 원권 지폐가 많이 오고 갑니다.

여러분 집에 있는 5만 원권 지폐는 어디서 온 것일까요?

공부한 날   월   일

 **선생님의 조언 |** 돈은 이곳에서 저곳으로 끊임없이 이동합니다. 지금 내가 가지고 있는 돈도 수없이 많은 곳을 돌고 돌아 나에게 도착한 것입니다. 오늘 내가 가지고 있는 돈은 또 어디로 떠나게 될까요?

2단계 생각을 틔워요

1 5만 원권 지폐를 사용해 본 적 있나요?

해솔이의 글
5만 원권 지폐를 사용해 본 적이 있다. 용돈을 모아 대형 마트에서 필요한 물건을 산 적이 있는데 그때 5만 원권 지폐를 냈다.

나의 글

2 5만 원권 지폐가 자주 사용되는 장소 3곳은 어디라고 생각하나요?

 해솔이의 글
어른들이 결혼식장이나 장례식장에서 쓰는 것 같다. 또 설날이나 추석 같은 명절에 용돈을 줄 때 5만 원권 지폐가 많이 사용되는 것 같다.

나의 글

3 나에게 5만 원권 지폐가 생긴다면 누가 준 것일까요?

 해솔이의 글
할아버지, 아니면 할머니일 것이다. 두 분이 가장 많이 용돈을 주시기 때문이다. 아니면 내가 집안일을 많이 하게 되어 부모님께 용돈을 받을 수도 있을 것 같다.

나의 글

3단계 친구의 생각을 살펴봐요

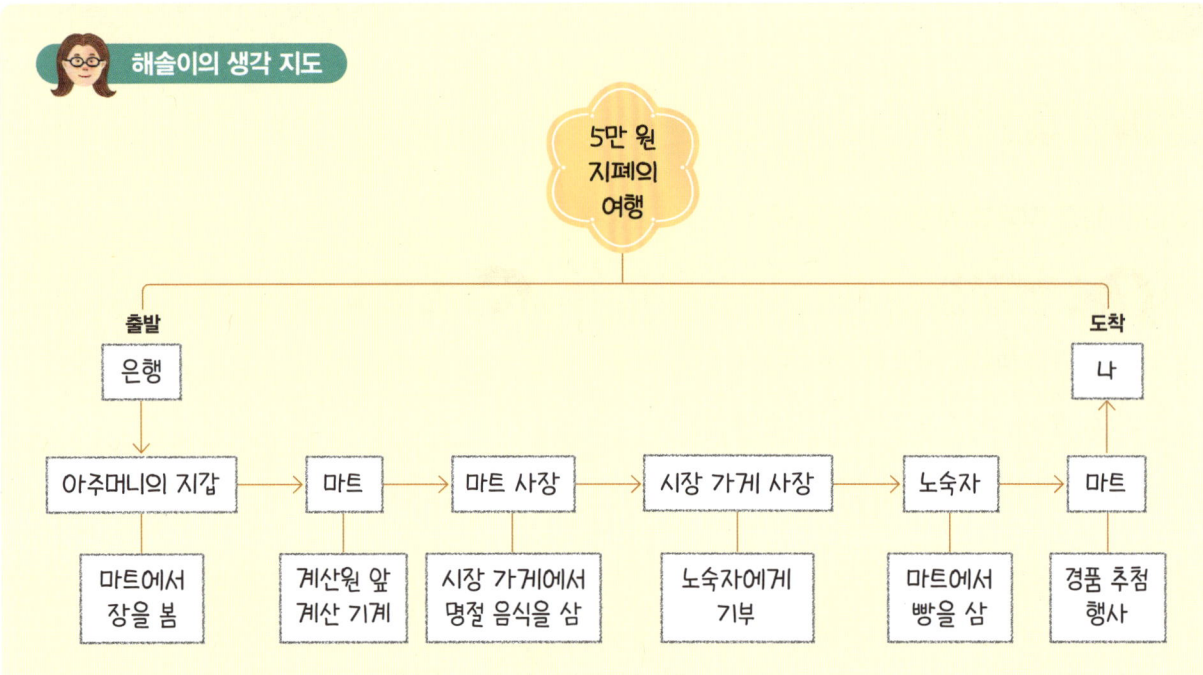

> **해솔이의 글**

한국은행에서 만들어진 5만 원짜리 지폐는 가장 먼저 은행에 돈을 찾으러 온 아주머니의 지갑으로 들어갔다. 아주머니는 집으로 돌아오는 길에 마트에서 장을 봤는데 그때 계산해 주던 계산원 앞 계산 기계 속으로 들어갔다. 오랫동안 계산 기계 속에 들어 있던 돈은 마트 사장님이 시장에 장을 보러 가면서 마트 밖으로 탈출할 수 있었다.

마트 사장님은 시장에서 명절 음식을 준비하기 위해 5만 원 지폐를 사용했다. 이 돈을 받은 시장 가게 사장님은 노숙자에게 돈을 기부했다. 돈을 기부받은 노숙자는 다시 이 돈을 마트에서 빵을 사는 데 사용했다. 결국 5만 원 지폐는 다시 마트에 갇혔다.

이렇게 계속해서 사람들과 마트를 오고가던 5만 원 지폐는 2024년 1월 1일 우연히 마트에 가서 경품 추첨 상금으로 5만 원을 받은 나에게 도착했다.

4단계 스스로 써 봐요

나의 생각 지도

나의 글

3주 차 2일

12 나는 손 소독제! 바이러스와 싸운 이야기를 해줄까?

오늘의 주제

나는 손 소독제입니다. 손에 있는 바이러스를 죽이는 게 나의 일이죠. 어제도 바이러스들과 큰 전투를 치렀습니다. 어제 있었던 일을 상상해 써 보세요.

1단계 배경 지식을 쌓아요

✿ 손 소독제는 무엇으로 만들어졌을까?

세계보건기구(WHO)에서 발표한 손 소독제 제작 방법에 따르면 손 소독제에는 다음의 네 가지 물질이 들어간다고 합니다. 에탄올, 글리세린, 과산화수소, 정제수. 이 네 가지가 어떤 물질인지 간단히 알아볼까요?

- 에탄올 : 알코올 중의 하나로서 바이러스를 죽이는 역할을 함
- 글리세린 : 무색의 투명하고 끈적끈적한 기름 성분
- 과산화수소 : 무색, 무취의 물 분자에 산소가 더해진 화합 물질
- 정제수 : 물에 들어 있는 불순물을 제거한 물

✿ 손 소독제는 바이러스를 어떻게 죽일까?

손 소독제에 가장 많이 포함된 에탄올이 세균이 가진 성질이나 기능을 없애버려 균이 죽게 됩니다.

공부한 날 ○월 ○일

선생님의 조언 | 바이러스는 혼자서는 활동하지 못하다가 세포와 만나면 활발하게 활동하는 생물입니다. 사람과 동물의 호흡기에 감염을 일으키는 코로나바이러스를 모르는 사람은 없겠죠? 바이러스 감염을 어떻게 막을 수 있을까요?

2단계 생각을 틔워요

1 내 손바닥에서 전투가 일어날 만한 곳은 어디인가요?

> **윤결이의 글**
> 손금 부분이 강줄기처럼 보여서 이곳에서 전투가 일어날 것 같다. 또 손가락과 손가락 사이가 움푹 들어가 있고 그늘진 느낌이 있어 이곳에서 싸우기 좋을 것 같다.

> **나의 글**

2 바이러스가 가지고 있는 비밀 무기는 무엇인가요?

> **윤결이의 글**
> 바이러스의 무기는 끈질긴 생명력이다. 어떤 공격이 들어오더라도 절대 죽지 않고 끝까지 살아남는 게 바이러스가 가진 무기다.

> **나의 글**

3 손 소독제가 가지고 있는 비밀 무기는 무엇인가요?

> **윤결이의 글**
> 에탄올이다. 에탄올이 바이러스를 죽이기 때문에 에탄올이 제일 세다. 바이러스들이 죽지 않으려고 발버둥을 칠 때 에탄올을 더 뿌려 총공격한다.

> **나의 글**

3단계 친구의 생각을 살펴봐요

윤결이의 생각 지도

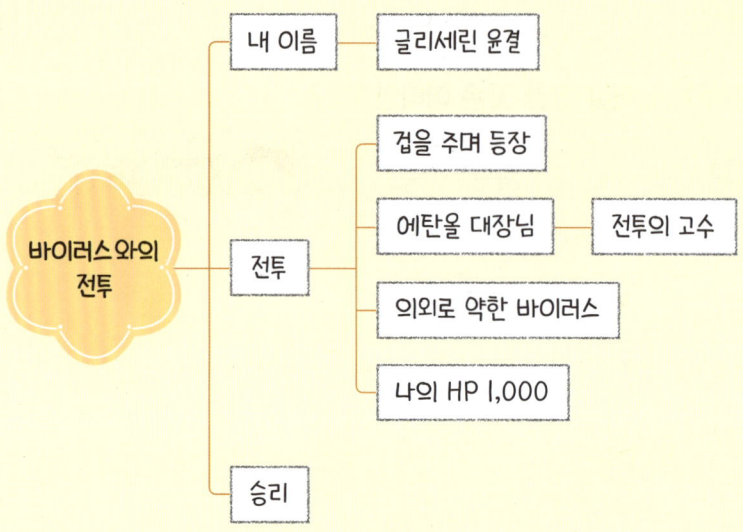

윤결이의 글

나는 어제 아주 엄청난 전투를 벌였다. 내 이름은 글리세린 윤결이다. 우선 나는 손 소독 통에서 찍! 소리를 내며 겁을 주며 등장했다. 그리고 요리조리 비벼지다 보니 잠깐 정신을 잃었다. 정신을 차렸더니 내 눈앞에 바이러스가 있었다.

우리의 에탄올 대장님은 전투를 여러 번 겪어봐서인지 익숙하게 전투 준비를 하고 있었다. 대장님이 외쳤다. "하나, 둘, 셋! 돌격 앞으로!"

나는 달려들었다. 전투 결과는? 의외로 싱거웠다. 생각보다 바이러스의 힘이 약했다. 내 HP(Health Point)가 1,000인데 다 싸우고 나서도 990이었다. 10밖에 사용하지 않았다니! 진짜 나는 돌진만 했을 뿐인데 바이러스들이 알아서 쓰러졌다. 내가 이렇게 강했다니, 어제는 정말 뿌듯한 날이었다.

4단계 스스로 써 봐요

나의 생각 지도

나의 글

3주 차 3일
13 말은 제주도로, 사람은 서울로 보내야 하는 이유는?

오늘의 주제

말은 나면 제주도로 보내고, 사람은 나면 서울로 보내라는 속담이 있습니다. 말을 제주도로 보내는 이유는 무엇일까요? 사람은 왜 서울로 보내야 할까요? 이 속담이 만들어지게 된 이야기를 상상해 써 보세요.

1단계 배경 지식을 쌓아요

✿ 제주도와 서울

원나라는 몽골족이 중국을 정복하여 세운 나라입니다. 역사에 관심이 있는 학생들은 고려 시대 때 몽골족의 침입을 많이 받았다는 것을 알고 있을 것입니다. 그 무렵 제주에 말을 키우는 말 목장이 많이 생겼다고 합니다. 그때부터 제주도는 말을 키우는 곳이라는 이미지를 가지게 되었습니다. 지금도 제주도에 가면 말을 타는 관광 상품이 있을 정도니까요.

반대로 서울은 과거부터 사람들이 많이 모이는 곳이었습니다. 조선 시대 한양, 즉 서울이 수도였기도 했고요. 사람이 많이 모이는 곳에는 기회가 많습니다. 교육을 받을 기회, 사람들과 어울릴 기회, 배울 기회, 물건을 사고팔 기회들이 사람이 없는 곳과 비교해 훨씬 많습니다. 2021년 8월 기준으로 서울에는 955만 명이 넘는 사람들이 살고 있습니다. 경기도에는 이보다 많은 1,353만 명이 살고 있고요.

말은 제주도로, 사람은 서울로. 이 속담은 요즘 시대에도 맞는 말일까요?

공부한 날 ○월 ○일

선생님의 조언 | 과거로부터 전해져 내려오는 교훈이 담긴 이야기를 '속담'이라고 합니다. 속담은 누가 처음 만들었을까요? 또 어떻게 만들어지는 걸까요? 그리고 속담은 어떻게 세대를 거쳐 전해지는 걸까요?

2단계 생각을 틔워요

1 '제주도' 하면 어떤 생각이나 느낌이 떠오르나요?

윤결이의 글
제주도라는 단어를 들으면 바다, 따뜻함, 돌, 바람, 회, 한라산 등이 떠오른다. 도시보다는 자연과 가까운 느낌이 들고, 편안하고 여유로운 분위기가 생각난다.

나의 글

2 '서울' 하면 어떤 생각이나 느낌이 떠오르나요?

윤결이의 글
사람들과 건물들이 가득한 도시라는 느낌이 든다. 지하철역에서 많은 사람이 나오는 모습, 광화문 광장에 셀 수 없이 많은 사람이 모여 있는 모습이 생각난다.

나의 글

3 '제주도'와 '서울' 중 내가 살고 싶은 곳과 그 이유는 무엇인가요?

윤결이의 글
서울에 살고 싶다. 제주도도 좋지만 새로운 것을 보고, 듣고, 경험할 수 있는 건 서울에 많기 때문이다. 젊을 때는 서울에 살다 나중에 제주도로 이사할 것이다.

나의 글

3단계 친구의 생각을 살펴봐요

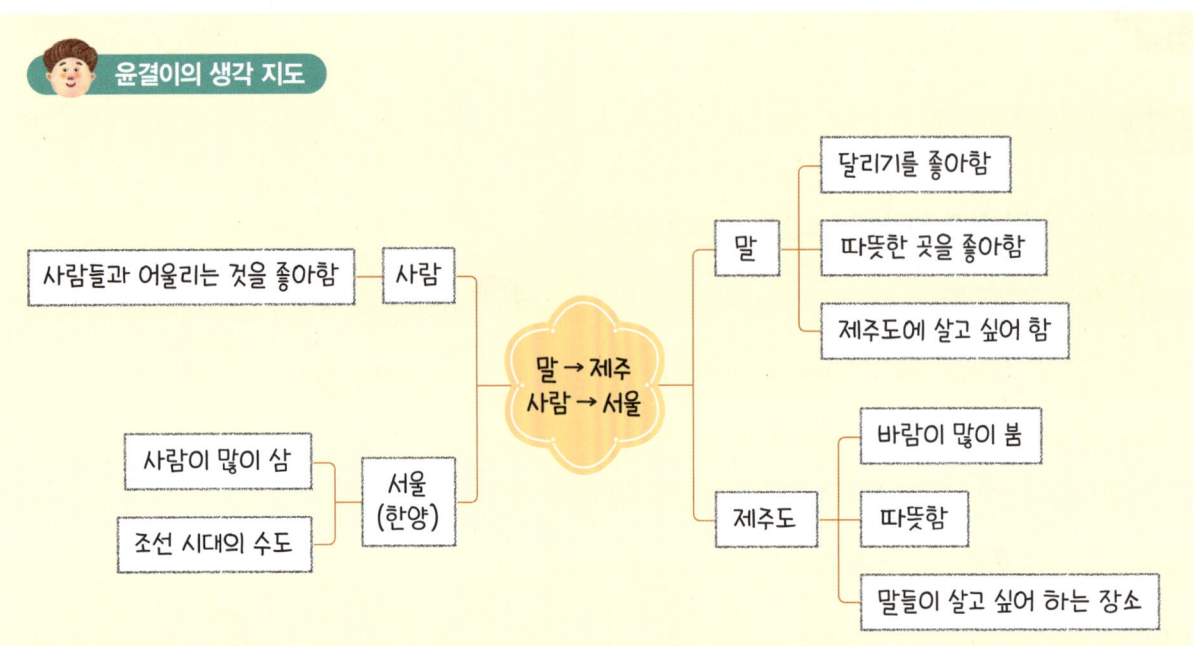

윤결이의 글

말은 따뜻하고 바람이 많이 부는 곳에서 신나게 달리는 걸 좋아한다. 제주도는 우리나라에서 대표적으로 바람이 많이 불면서도 따뜻한 곳이다. 그래서 아주 오래전부터 말들이 살고 싶어 하는 최고의 장소로 꼽혔다. 제주도에서 자란 말들은 육지 말들보다 달리기도 잘하고 근육도 빵빵했다. 이런 이유로 말을 키우는 사람들은 말을 제주도로 보낼 수밖에 없었다.

반대로 사람은 사람들이 많은 곳에서 다른 사람들과 어울리며 사는 것을 좋아한다. 우리나라에서 사람이 많은 곳은 서울이다. 지금도 서울에는 많은 사람이 살지만 조선 시대의 도읍도 한양이어서 많은 사람들이 살았다. 그래서 다른 사람들과 마음대로 어울리며 살라고 서울로 보내 주는 문화가 생긴 것이다.

말은 제주도로, 사람은 서울로 보내야 한다는 속담은 이런 이유로 만들어졌다.

4단계 스스로 써 봐요

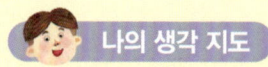 나의 생각 지도

나의 글

14 내 얼굴을 천천히, 자세히 설명해 볼까?

오늘의 주제

내 주변에 있는 거울을 가져오세요. 만약 없다면 스마트폰 셀프카메라 모드도 좋습니다. 이마부터 턱까지 천천히 내려오며 내 얼굴의 이곳저곳을 살펴보세요. 충분히 관찰했다면 아래 거울에 내 얼굴을 그리고, 내 얼굴을 설명하는 글을 써 보세요.

1단계 배경 지식을 쌓아요

✿ 화가들의 자화상

우리가 이름만 들어도 알 만한 세계적인 화가들은 자화상 작품을 많이 남겼습니다. 아마 여러분들이 그동안 많이 본 작품들도 있을 것입니다. 반 고흐, 피카소, 렘브란트, 고갱, 윤두서와 같은 사람들의 자화상이 많이 알려져 있습니다. 자화상을 그리는 방법은 크게 두 가지로 나뉩니다.

하나는 있는 그대로 그리는 것입니다. 마치 거울을 보는 것처럼 실물과 가장 비슷하게 그리는 것이죠. 또 다른 방법은 화가의 생각과 감정을 담아 자신을 새롭게 창조하는 것입니다. 이렇게 그려진 자화상은 실제 모습과 다를 수 있습니다. 자화상이라는 이름이 붙었지만, 얼굴이 반대로 되어 있거나 뒤집혀 있는 그림, 눈과 입이 서로 다른 곳에 붙어 있는 그림 등이 여기에 해당합니다. 피카소가 그린 그림 중에 이런 느낌의 그림이 많습니다.

화가들은 왜 자화상을 그렸을까요? 그릴 만한 모델이 없어서? 자기 자신에 대해 조금 더 자세히 알아보고 싶어서? 자신을 그리면 모델료가 들지 않기 때문에? 여러분의 상상력을 동원해 한번 생각해 보세요.

공부한 날 월 일

선생님의 조언 | 자화상은 스스로 자(自), 그림 화(畵), 모양 상(像)으로 이루어진 말입니다. 쉽게 말해 자기 자신을 그린 그림입니다. 세계적인 화가들은 자화상을 자주 그렸다고 합니다.

2단계 생각을 틔워요

1 하루 중 몇 분에서 몇 시간 동안 내 얼굴을 보나요?

> **서경이의 글**
> 양치질할 때, 세수할 때, 로션 바를 때, 학교 출발하기 전에 보는 것 같다. 시간을 다 더해 보자면 10분 정도 되지 않을까?

> **나의 글**

2 내 얼굴을 살펴보며 어떤 생각을 하게 되었나요?

> **서경이의 글**
> 매일 보는 내 얼굴이지만 그동안 자세히 본 적이 없었던 것 같다고 생각했다. 멀리서 살짝 보는 것과 거울로 천천히 자세히 보는 건 느낌이 완전히 다르다.

> **나의 글**

3 내 얼굴 중 내가 가장 좋아하는 부분을 고르고, 그 부분을 설명해 볼까요?

> **서경이의 글**
> 쌍꺼풀이다. 사실 10살까지만 해도 쌍꺼풀 라인만 있었는데 신기하게 쌍꺼풀이 생겼다. 쌍꺼풀이 있어서 눈을 더 커 보이게 만들어 주는 것 같다.

> **나의 글**

3단계 친구의 생각을 살펴봐요

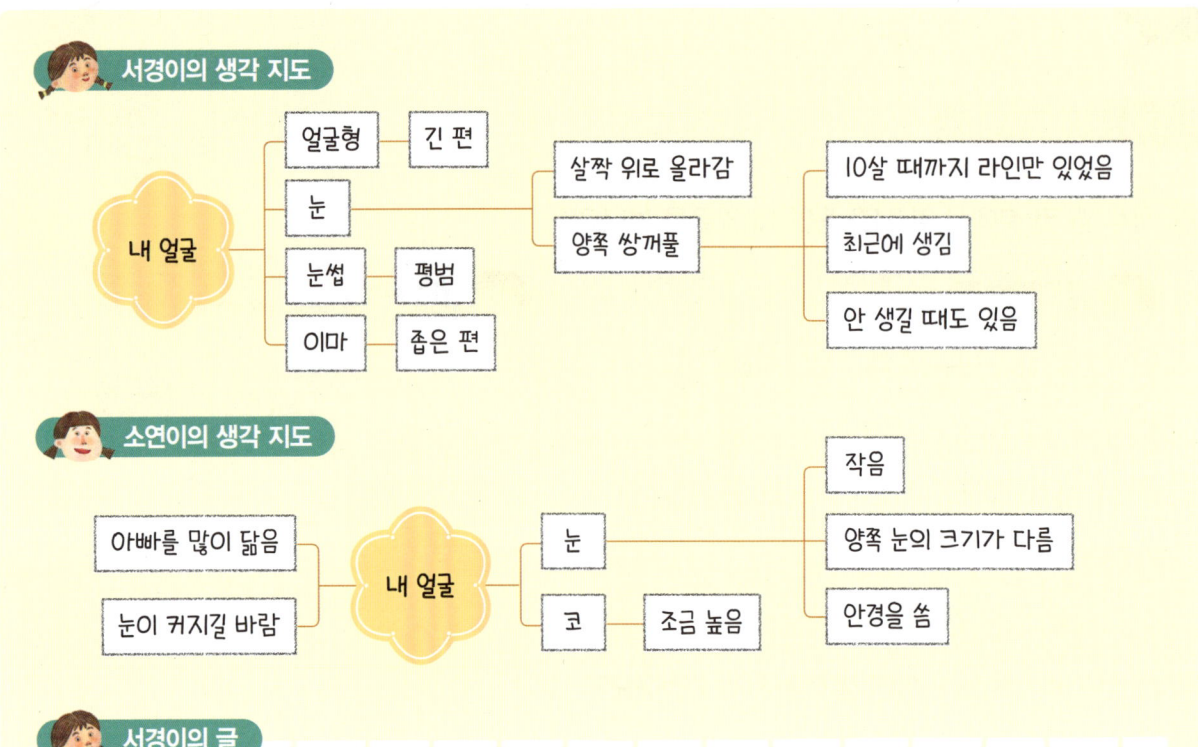

서경이의 글

얼굴형이 긴 편이고 눈이 살짝 위로 올라가 있다. 쌍꺼풀은 양쪽에 다 있다. 사실 10살까지만 해도 쌍꺼풀 라인만 있었는데 얼마 전부터 신기하게 쌍꺼풀이 생기게 되었다. 그런데 요즘엔 또 쌍꺼풀이 생길 때도 있고 안 생길 때도 있는 것 같다. 눈썹은 평범하고 이마는 좁은 편이다.

소연이의 글

눈이 작고 양쪽 눈의 크기가 약간 다르다. 안경을 썼고 코는 조금 높다. 쭉 살펴보다 보니 신기하다. 아빠를 다 닮은 것 같기 때문이다. 사실 어딜 가더라도 사람들이 다 나에게 아빠를 닮았다고 한다. 지금보다 눈이 살짝 더 커졌으면 좋겠다.

나의 생각 지도

나의 글

15. 학교에서 배울 수 있는 세 가지는?

3주 차 5일

오늘의 주제

여러분들은 학교에서 무엇을 배우고 있나요? 국어, 수학, 사회 같은 과목 말고 진짜 여러분이 배운 게 뭔지 생각해 보세요. 교과서 속 내용을 빼고 학교에서 배울 수 있는 것 세 가지를 이유와 함께 써 보세요.

1단계 배경 지식을 쌓아요

✿ 조선 시대의 학교, 서당에서는 무엇을 배웠을까?

서당에는 '강독, 제술, 습자'라는 교육과정이 있었다고 합니다. 강독은 천자문이나 사자소학과 같은 책을 읽고, 어떤 뜻인지 이해하는 것을 말합니다. 제술은 글쓰기입니다. 습자는 글씨체를 연습하는 활동입니다. 쉽게 말해 붓글씨 연습이죠. 서당에서 배우는 과목들을 알아보니 어떤 생각이 드나요? 왜 수학이나 영어는 안 배웠냐고요? 그 이유는 여러분들이 생각해 보세요!

✿ 교과 과목 이외에 학교에서 배울 수 있는 것은?

우리는 초등학교 6년이라는 시간 동안 학교에서 무엇을 배우는 걸까요? 국어? 수학? 사회? 과학? 영어? 이런 내용을 배우는 거라면 집에서도 공부할 수 있지 않을까요? 학교에 다니기 때문에 배울 수 있는 무언가가 있지 않을까요? 예를 들어 친구들과 가까워지는 방법이나 친구들과 마음을 모아가는 협동심 같은 걸 배운 것 같지 않나요? 여러분이 생각하는 공부 외에도 학교에서 배울 수 있는 것은 정말 많습니다.

공부한 날 ○월 ○일

선생님의 조언 | 학교는 인간으로 살아갈 수 있는 기본적인 내용을 가르쳐 주는 공간입니다. 고구려 때는 경당, 조선 시대에는 서당이 있었죠. 학교에서는 무엇을 배울 수 있을까요? 무엇을 배우는 게 좋을까요?

2단계 생각을 틔워요

1 선생님에게 배울 수 있는 것은 무엇인가요?

윤결이의 글

매일 글쓰기 주제를 만들어 주시는 성실함. 3월 2일부터 하루도 안 빠지고 글쓰기 주제를 만들어 주시는 게 대단하시다. 선생님의 꾸준함을 배우고 싶다.

나의 글

2 친구들에게 배울 수 있는 것은 무엇인가요?

윤결이의 글

주혁이의 리더십. 주혁이와 모둠 활동할 때마다 느낀 건데 친구들을 잘 이끈다. 소외된 친구들에게 관심을 주고, 너무 많이 하는 친구들이 적당히 하게 조절해 준다.

나의 글

3 다른 사람이 가르쳐 주지 않았지만 스스로 배운 것은 무엇인가요?

윤결이의 글

보고서를 쓸 때 보기 쉽게 내용을 정리하는 것. 누가 특별히 가르쳐 주진 않았지만, 여러 번 하다 보니 어떻게 하는지 방법을 알게 된 것 같다.

나의 글

3단계 친구의 생각을 살펴봐요

윤결이의 생각 지도

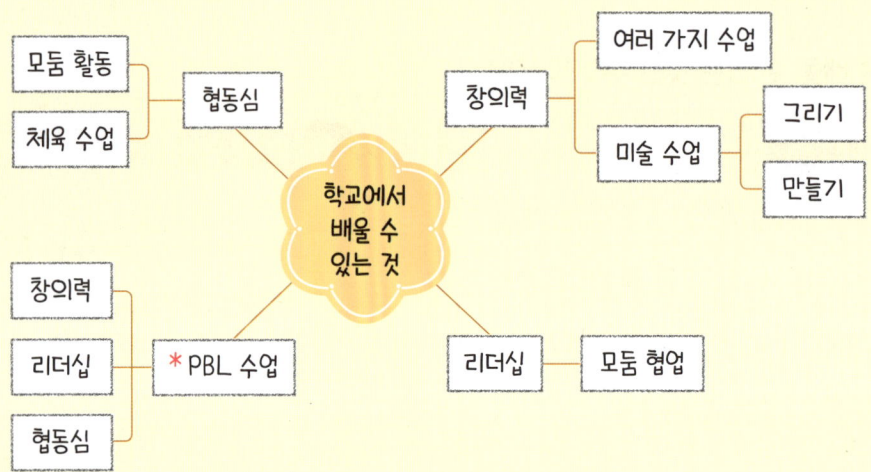

*PBL(Problem-Based Learning) : 문제 기반 학습

윤결이의 글

나는 학교에서 교과서 속 내용 이외에 창의력, 리더십, 협동심 등을 배울 수 있다고 생각한다.

먼저, 창의력은 학교에서 하는 여러 가지 수업을 통해 기를 수 있다. 특히 미술 수업? 그림을 그리거나 무언가를 만들다 보면 창의력이 생겨나는 느낌이 든다.

두 번째, 리더십은 모둠을 짜거나 모둠끼리 협업을 할 때 기를 수 있다.

세 번째, 모둠 활동을 하면 리더십뿐만 아니라 협동심도 기를 수 있다. 또 체육 수업에 참여하는 것도 협동심에 도움이 된다.

아 참, 그리고 문득 든 생각인데 PBL 수업을 하면 이 세 가지 능력을 동시에 기를 수 있는 것 같다. PBL 수업을 하게 되면 교과서에서 배울 수 없는 다른 능력들도 배울 수 있다.

4단계 스스로 써 봐요

나의 생각 지도

나의 글

동시 짓기

이 세상에 딱 하나밖에 없는 내 얼굴. 내 얼굴을 가장 많이 보는 사람은 누구일까요? 아마 나 자신일 겁니다. 거울 앞에 서서 내 얼굴에 있는 눈, 코, 입을 살펴보세요. 그다음으로 눈, 코, 입을 볼 때 생각나는 다른 물건이나 음식을 떠올려 보세요. 두 가지를 연결해 내 얼굴에 대한 동시를 써 봅시다. 완성된 동시는 가족이나 친구들에게 낭독해 보세요.

제목 : 내 얼굴

내 눈은 사탕 같다. 사탕처럼 동그랗고 반짝거리니까.
내 코는 딸기 같다. 딸기처럼 빨갛고 주근깨가 있으니까.
내 입은 주머니 같다. 주머니처럼 여러 음식을 담을 수 있으니까.

제목 :
....
....
....
....

4장

16	4주 차 1일	경제	백화점에서 화장실, 벽시계, 창문을 없앤 이유는?
17	4주 차 2일	과학	호두과자는 과자일까, 빵일까?
18	4주 차 3일	사회	나는 양파 축제 기획자! 재미있는 코너를 알려줄까?
19	4주 차 4일	예술	변기를 미술관에 전시한다고?
20	4주 차 5일	철학	내가 커서 아이를 낳아 부모가 된다면?

4주 차 1일

16 백화점에서 화장실, 벽시계, 창문을 없앤 이유는?

오늘의 주제

모든 것이 다 있는 백화점이지만, 이런 백화점에 없는 세 가지가 있습니다. 바로 '1층 화장실, 벽시계, 창문'입니다. 백화점에서 세 가지를 없애 버린 이유는 무엇일지, 그 이유를 떠올리며 하나씩 써 보세요.

1단계 배경 지식을 쌓아요

★ 백화점의 비밀

요즘엔 백화점마다 차이가 있긴 하지만 과거의 우리나라 백화점에는 '3無 원칙'이라는 게 있었다고 합니다. 3無, 세 가지가 없는 걸 원칙으로 한다는 뜻입니다. 모든 것이 다 있다고 알려진 백화점에서 없애 버린 세 가지는 무엇일까요? 바로 1층 화장실, 벽시계, 창문입니다. 백화점에 갔던 때를 떠올려 보세요. 여러분은 방금 말한 세 가지를 본 적이 있나요?

이 세 가지를 없애려 한 이유는 무엇일까요? 그 이유는 사람들의 소비 심리와 관련이 있습니다. 백화점이 원하는 건 고객들이 백화점에 오랫동안 머무르면서 많은 소비를 하는 것입니다. 그렇다면 백화점은 소비에 도움을 주는 건 늘리고, 소비에 방해되는 건 없애려고 했겠죠? 자, 그럼 1층 화장실, 벽시계, 창문을 없애려고 했던 걸 보니 세 가지 물건이 소비에 방해가 되는 물건인가 보죠?

백화점에서 세 가지 물건을 보거나 사용하는 상황을 떠올려 보세요. 그러면 글쓰기의 힌트를 얻을 수 있을 겁니다.

공부한 날 　월　 일

선생님의 조언 | 백화점에서 한국 가요를 들어 본 적이 있나요? 한국어 노랫말이 나오면 쇼핑하는 데 집중이 되지 않기 때문에 백화점에서는 주로 가사가 없는 음악을 튼다고 합니다.

2단계 　생각을 틔워요

1 백화점에 1층 화장실이 없다면 어떤 일이 일어나게 될까요?

지우의 글	나의 글
백화점에 온 손님들이 2층이나 지하 1층의 화장실을 이용하게 된다. 그래서 화장실에 가는 길에 물건들을 구경하게 된다.	

2 백화점에 벽시계가 없다면 어떤 일이 일어나게 될까요?

지우의 글	나의 글
손님들이 시간을 생각하지 않고 물건을 구경하게 된다. 내 눈앞에 시간을 보여주지 않으므로 더 오랜 시간 동안 쇼핑하게 된다.	

3 백화점에 창문이 없다면 어떤 일이 일어나게 될까요?

지우의 글	나의 글
바깥을 못 보게 된다. 그래서 지금이 낮인지 밤인지, 지금 눈이 오는지 비가 오는지 모르게 된다. 따라서 시간과 날씨를 모른 채 쇼핑에만 집중하게 된다.	

16 백화점에서 화장실, 벽시계, 창문을 없앤 이유는? **77**

3단계 친구의 생각을 살펴봐요

지우의 생각 지도

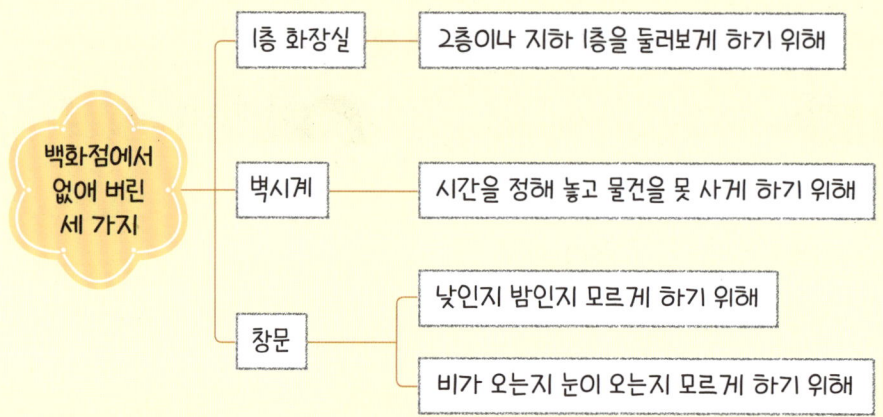

지우의 글

백화점에서 1층 화장실, 벽시계, 창문을 없앤 이유는 다음과 같다.

첫 번째, 1층 화장실을 없앤 이유는 1층이 아니라 2층이나 지하 1층을 구경하게 만들기 위해서다. 화장실 때문에라도 어쩔 수 없이 구경하게 된다.

두 번째, 벽시계를 없앤 이유는 시간을 보면서 물건을 못 사게 하려는 전략 때문이다. 예를 들어 시간을 정해 놓고 "딱 1시까지만 쇼핑해야지."라고 생각한다면 백화점으로서는 물건을 많이 팔 수 없다.

세 번째, 창문은 밝음과 어둠을 감추기 위해서 없앤 것 같다. 왜냐하면 창밖을 보고 낮인지 밤인지 알게 된다면 쇼핑하는 데 영향을 미칠 수밖에 없다. 또한 고객들이 밖에 눈이나 비가 오는 걸 알게 된다면 마음이 급해져 쇼핑을 그만 할 수 있기 때문에 없앤 것 같다.

4단계 스스로 써 봐요

나의 생각 지도

나의 글

17 호두과자는 과자일까, 빵일까?

4주 차 2일

오늘의 주제

충청남도 천안시의 특산물로 알려진 호두과자. 그런데 호두과자를 먹을 때마다 이런 생각이 듭니다. '이게 과자일까? 빵일까?'

호두과자는 과자다. vs 호두과자는 빵이다.

두 가지 중 하나의 입장을 고르고, 그렇게 생각하는 이유를 써 보세요.

1단계 배경 지식을 쌓아요

✿ **과자와 빵의 다른 점은 무엇일까?**

과자와 빵은 둘 다 밀가루로 만들어졌다는 공통점이 있습니다. 물론 차이점도 있죠. 대부분 과자는 딱딱하고, 빵은 부드럽습니다. 한번 생각해 보세요. 과자와 비교하자면 대부분 빵이 부드럽지 않나요?

- 과자 : 콘칩, 쌀과자, 크래커, 샌드, 산도, 쿠키, 센베이 등
- 빵 : 팥빵, 크림빵, 식빵, 슈크림빵, 소보루빵, 샌드위치, 호빵, 찐빵 등

이걸로 딱 구분되면 좋은데 그렇지 않은 경우가 있습니다. 바로 호두과자는 과자인데 부드럽고, 건빵은 빵인데 딱딱합니다. 부드러움과 딱딱함이라는 기준으로 과자와 빵을 구분할 수 있을까요? 과자는 항상 딱딱하고, 빵은 항상 부드러워야 할까요? 다른 사람들은 둘을 구분하는 기준으로 '이스트'라는 효모균을 꼽기도 합니다. '이스트'에 대한 자세한 설명은 오늘 글쓰기가 끝난 뒤 따로 찾아보세요.

공부한 날 ○월 ○일

 **선생님의 조언** | 효모는 순우리말로 즉, '뜸팡이'라고 합니다. 버섯이나 곰팡이와 같은 균류에 속하죠. 곰팡이라고 하면 지저분하다는 느낌이 들 수 있지만, 효모는 우리가 먹는 음식들 속에도 많이 들어 있답니다.

2단계 생각을 틔워요

1 그동안 내가 먹어 본 과자의 특징은 무엇인가요?

> **성균이의 글**
> 내가 먹어 본 과자들은 대부분 바삭했다. 수분이 없어서 한입 물면 부스러기들이 떨어져 나왔다. 스낵이나 쌀과자들은 대부분 바삭하다.

> **나의 글**

2 그동안 내가 먹어 본 빵의 특징은 무엇인가요?

> **성균이의 글**
> 일단 빵은 부드럽다. 말랑말랑하고 포근포근한 식감이 있어야 빵이다. 물론 요즘에는 겉은 바삭하고 속은 부드러운 빵들도 많다. 그리고 빵은 딱 보면 안다.

> **나의 글**

3 호두과자가 과자일지 빵일지에 대해 가족들은 어떻게 생각하나요?

> **성균이의 글**
> 부모님께 여쭤보니 아빠는 과자라고 하셨고, 엄마는 빵이라고 하셨다. 동생은 과자든, 빵이든 관심 없고 맛있으면 된다고 했다. 가족의 생각이 서로 달랐다.

> **나의 글**

3단계 친구의 생각을 살펴봐요

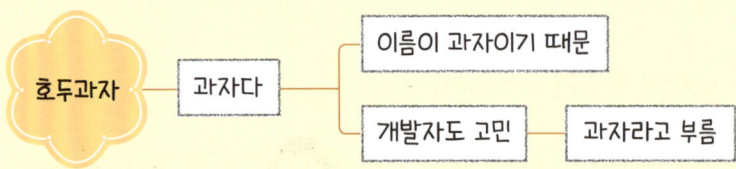

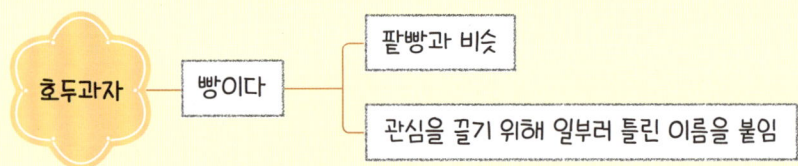

성균이의 글

호두과자는 과자다. 물론 호두과자가 말랑말랑 부드러워서 빵이라고 생각할 수 있다. 하지만 이건 엄연히 과자가 맞다. 그 이유는 이름이 과자이기 때문이다. 처음에 호두과자를 개발한 사람도 고민했을 것이다. 이걸 빵이라고 부를지, 과자라고 부를지를. 그 사람이 알아서 공부한 다음 마지막으로 붙인 이름이 과자다.

유준이의 글

호두과자는 빵이다. 호두과자를 한 번이라도 먹어봤다면 고민할 필요가 없는 문제다. 호두과자는 이름만 과자일 뿐 팥빵이랑 똑같다. 아마 호두과자를 처음 만든 사람이 빵이라고 하는 것보다 과자라고 부르면 사람들의 관심을 끌 것 같아서 일부러 틀린 이름을 붙인 게 아닐까?

4단계 스스로 써 봐요

나의 생각 지도

나의 글

17 호두과자는 과자일까, 빵일까?

4주 차 3일

18 나는 양파 축제 기획자! 재미있는 코너를 알려줄까?

오늘의 주제

나는 '양파 축제'의 축제 기획자입니다. 내일은 드디어 축제가 시작되는 날! 축제장에서는 양파와 관련된 어떤 일들이 일어날까요? 내가 기획한 양파 축제에 포함된 세 가지 코너를 소개해 주세요.

1단계 배경 지식을 쌓아요

✿ 스페인의 토마토 축제

스페인의 부뇰이라는 도시에서는 매년 8월의 마지막 수요일에 '토마티나(La Tomatina)'라고 불리는 토마토 축제가 열립니다. 축제가 열리면 으깬 토마토를 서로에게 던지는 푸드 파이트를 하게 됩니다. 서로에게 토마토를 던지면 얼굴과 몸이 온통 빨갛게 물들지 않을까요? 이 축제에 사용되는 토마토만 해도 무려 '150톤' 정도 된다고 하니 정말 엄청난 양이죠? 물론 토마토 축제에서 토마토만 던지는 건 아닙니다. 토마토로 만든 요리를 경연하는 요리 대회도 있고, 토마토 옷을 입은 인형들이 거리를 거니는 퍼레이드도 있습니다. 토마토 과즙에서 미끄럼을 타거나 수영을 하기도 하고요. 상상만으로도 재밌을 것 같네요.

스페인의 토마토 축제처럼 스위스의 수도 베른에서는 '치벨레메리트'라는 양파 축제가 열립니다. 양파 축제에서 무엇을 하는지를 말해 주면 오늘 글을 쓰는 데 방해가 될 수 있으니 이건 비밀로 할게요! 혹시 궁금한 친구들은 살짝 찾아봐도 좋습니다.

 **선생님의 조언** | 축제는 어떤 날을 기념하거나 축하하기 위해 벌이는 행사입니다. 과거에는 없던 축제가 만들어지기도 하고, 기념하던 축제가 사라지기도 합니다. 축제의 좋은 점은 무엇일까요?

2단계 생각을 틔워요

1 양파는 어떤 특징을 가지고 있나요?

시완이의 글
맛이 매우면서도 달다. 날로 먹으면 매운데, 볶아 먹으면 단맛이 난다. 모양은 주먹처럼 동그랗다. 그리고 까도 까도 껍질이 나오고 양파를 깔 때 눈물이 난다.

나의 글

2 양파를 이용한 요리에는 어떤 것들이 있나요?

시완이의 글
양파 밥, 양파장아찌, 양파김치, 양파 샐러드, 양파볶음, 양파전, 양파튀김, 양파무침, 양파 케이크, 양파 빵, 양파 칩, 양파즙 등이 있다.

나의 글

3 선생님께서 "오늘은 양파를 가지고 놀아볼까?"라고 말씀하신다면 어떻게 놀고 싶나요?

시완이의 글
눈물을 참으면서 양파 까기 놀이, 양파로 종이컵 쓰러뜨리기, 양파 껍질로 전시물 만들기, 양파 인형 만들기 등의 놀이를 해보고 싶다.

나의 글

3단계 친구의 생각을 살펴봐요

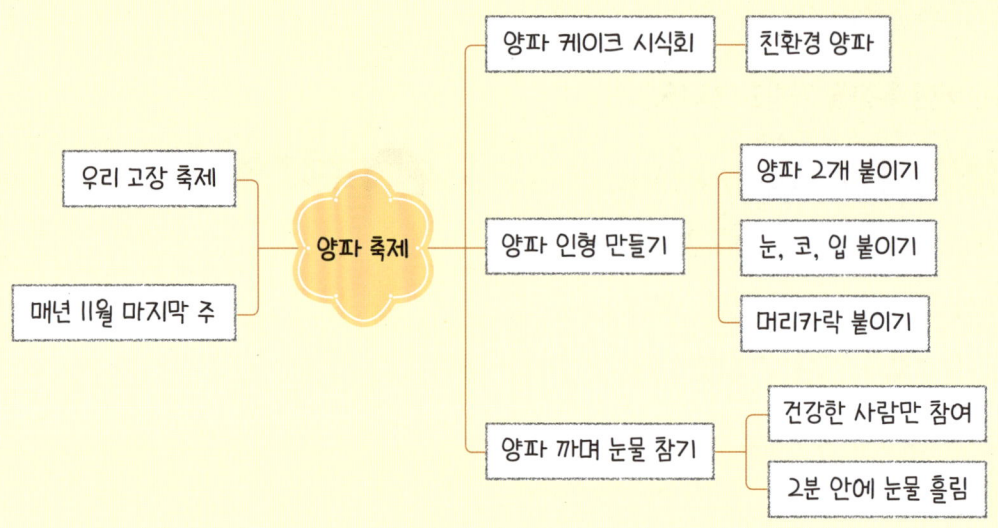

시완이의 글

이번 주 일요일, 우리 고장 최고의 축제인 양파 축제가 열립니다. 매년 11월 마지막 주에 열리는 양파 축제에서 어떤 재미있는 경험을 할 수 있는지 딱 세 가지만 알려드릴게요.

첫 번째, 양파 케이크 시식회. 치즈 케이크, 당근 케이크만 있는 게 아닙니다. 양파로 만든 양파 케이크의 맛도 끝내줍니다. 우리 고장에서 재배한 친환경 양파로 만든 양파 케이크를 먹어 볼 수 있습니다. 맛있으면 사가셔도 되고요.

두 번째, 양파 인형 만들기. 주먹보다 큰 양파 두 개를 붙이면 마치 인형 같습니다. 여기에 눈, 코, 입과 머리카락을 붙이면 아주 귀여워지죠. 아이들이 가장 좋아하는 코너입니다.

세 번째, 양파 까며 눈물 참기. 건강한 사람들만 참여할 수 있습니다. 감정이 메말라 눈물을 모르고 살았던 사람들도 이 코너에 오시면 2분 안에 눈물을 흘릴 수 있게 됩니다.

4단계 스스로 써 봐요

나의 생각 지도

나의 글

18 나는 양파 축제 기획자! 재미있는 코너를 알려줄까?

4주 차 4일

19 변기를 미술관에 전시한다고?

오늘의 주제

한 친구가 화장실에 놓여 있는 변기를 보고 말했습니다. "이건 그냥 변기가 아니야. 예술품이야. 당장 이걸 미술관으로 가져가 전시하자." 우리는 긴가민가하면서 변기를 들고 미술관으로 갔습니다. 미술관에 갔더니…… (그다음 이어질 내용을 상상하여 완성해 보세요.)

1단계 배경 지식을 쌓아요

✿ 소변기가 예술품이라고?

프랑스의 미술가 마르셀 뒤샹이 남긴 〈샘〉이라는 작품이 있습니다. 마르셀 뒤샹은 한 상점에서 남자들이 사용하는 소변기를 구매한 다음, 이걸 전시회에 출품했습니다. 당시 미술 협회의 운영위원들은 "이게 무슨 예술품이냐"라고 말하며 전시를 반대했습니다. 작품 신청만 받고 전시는 해주지 않았다고 합니다. 그리고 마르셀 뒤샹을 비웃고 놀렸습니다.

그런데 훗날 마르셀 뒤샹의 〈샘〉은 현대미술에서 매우 중요한 작품으로 인정받게 되었습니다. 어떻게 해서 소변기가 사람들의 인정을 받게 된 것일까요? 혹시 세상에 있는 소변기들이 모두 사라져 버렸기 때문일까요? 정답은 '사람들이 생각하는 예술의 개념이 넓어져서'입니다. 사람들은 마르셀 뒤샹의 〈샘〉이 그동안 전통적으로 가지고 있던 생각에 반대하며 이성적이지 않고, 예술적이지 않은 것을 추구하는 '다다이즘'이라는 예술 운동을 대표한다고 생각하게 되었기 때문입니다.

| 공부한 날 | 월 | 일 |

 **선생님의 조언** | 시대의 흐름에 따라 미술의 역사는 변합니다. 르네상스, 바로크, 로코코, 입체주의, 초현실주의처럼 말이죠. 오늘은 전통적인 생각을 벗어나려고 했던 다다이즘과 관련된 작품들을 찾아보세요.

2단계 생각을 틔워요

1 예술 작품인 것과 예술 작품이 아닌 것을 각각 두 가지 이상 적어 볼까요?

연화의 글
- 예술 작품인 것: 그림, 조각, 건축
- 예술 작품이 아닌 것: 연필, 공책, 창문, 스마트폰 같은 평범한 물건

나의 글

2 변기가 예술품이 될 수 있다고 생각하나요?

연화의 글
그 물건이나 작품을 보는 사람의 생각에 따라 다를 것 같다. 다시 말해, 예술품에 관한 생각에 따라 다를 것 같다. 나는 될 수 있을 거라고 생각한다.

나의 글

3 만약 내가 변기를 들고 미술관에 가면 미술관 사람들은 나를 어떻게 생각할까요?

연화의 글
처음에는 '무슨 변기를 들고 온 거야?' 라고 생각했다가 이 변기가 예술품인 이유를 들은 다음에는 나를 어린이 미술가라고 생각할 것 같다.

나의 글

19 변기를 미술관에 전시한다고? **89**

3단계 친구의 생각을 살펴봐요

연화의 생각 지도

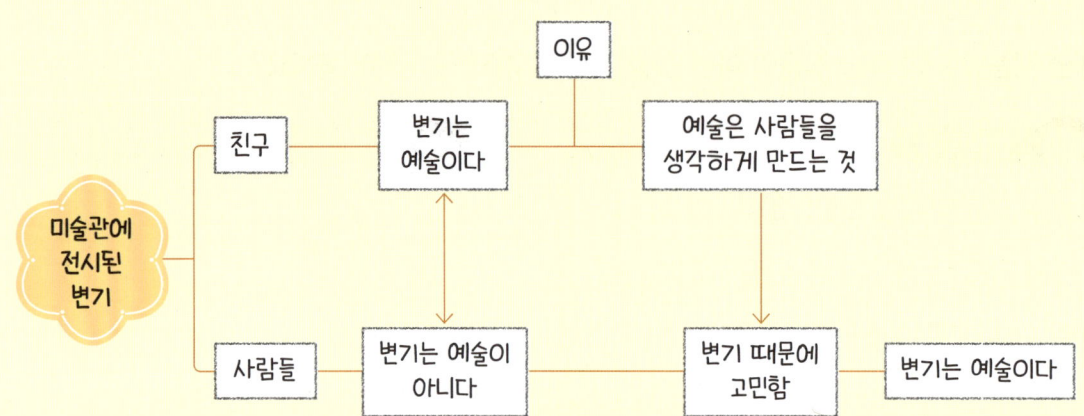

연화의 글

미술관에 갔더니 미술관에 있는 사람들이 이 변기는 예술이 아니라고 말했다.

친구는 웃으며 이야기를 시작했다.

"그럼, 이게 예술이 아니고 뭐죠? 여러분들이 생각하는 예술이 뭔가요? 제가 생각하는 예술은 사람들을 생각하게 만드는 것입니다. 이 변기를 보며 여러분들은 여러 가지 생각을 하지 않았나요? 그래서 이 변기가 예술인 겁니다. 그동안 여러분들이 예술에 대해 편견을 가지고 있었던 게 아닌가요?"

친구의 이야기가 끝나자 몇몇 미술관 사람들이 조심스럽게 입을 열었다.

"이건 예술이야! 그동안 이 변기처럼 나를 고민하게 만든 작품은 없었어."

친구는 나를 향해 얼굴을 돌렸다. 그리고 살짝 미소를 지었다.

4단계 스스로 써 봐요

나의 생각 지도

나의 글

20. 내가 커서 아이를 낳아 부모가 된다면?

오늘의 주제

내가 커서 자녀를 낳아 부모가 된다면, 나는 어떤 아빠, 엄마가 되고 싶은지 상상해 보세요. 나의 자녀들과 무엇을 하며 시간을 보낼 건가요? 주말에는 어디에 가 볼 건가요? 부모가 된 내 모습을 상상하고 글로 나타내 보세요.

1단계 배경 지식을 쌓아요

✿ **초등학생들이 바라는 이상적인 부모님의 모습은?**

초등학생들이 바라는 부모님은 어떤 부모님일까요? 용돈을 많이 주시는 부모님? 공부하라는 이야기를 안 하시는 부모님? 자녀와 자주 여행을 가시는 부모님? 우리 반 친구들에게 물어본 결과, 다음과 같은 부모님을 최고의 부모님으로 꼽았습니다. 아래 설문 내용을 잘 참고해 보면 어떤 부모가 되어야 할지에 대한 단서를 얻을 수 있을 거예요.

> 1위 : 나와 함께하는 시간이 많은 부모님
> 2위 : 내 말을 잘 들어주시는 부모님
> 3위 : 공부하라는 잔소리를 안 하시는 부모님
> 4위 : 자주 칭찬해 주시는 부모님
> 5위 : 건강하신 부모님

공부한 날　월　일

선생님의 조언 | 우리의 부모님도 태어날 때부터 부모로 태어난 건 아닙니다. 부모님도 우리처럼 초등학생일 때가 있었죠. 우리도 언젠가 시간이 흐른 다음에는 지금 나의 부모님처럼 부모가 될 겁니다. 나는 어떤 부모가 되고 싶나요?

2단계 생각을 틔워요

1 부모님과 내가 주말에 주로 하는 것은 무엇인가요?

유진이의 글
부모님이 주말에 일하셔서 거의 나와 동생만 놀 때가 많다. 물론 부모님이 시간이 되실 때는 맛있는 음식을 먹으러 가거나 산책하러 갈 때도 있다.

나의 글

2 내가 부모님과 함께하고 싶은 일이나 함께 가고 싶은 곳은 어디인가요?

유진이의 글
캠핑장에 가고 싶다. 그곳에서 놀기도 하고, 저녁에 고기도 구워 먹고, 캠프파이어도 하고 싶다. 또한 집이 아닌 텐트에서 자는 것도 재밌을 것 같다.

나의 글

3 부모가 되면 내 아이에게 이것 하나만은 해주고 싶은 것은 무엇인가요?

유진이의 글
한 달에 한 번, 어렵다면 두 달에 한 번은 함께 여행 가기. 여행을 가면 가족끼리 더 가까워지는 것 같다. 그래서 가족과 함께 여행 가는 걸 꼭 해주고 싶다.

나의 글

3단계 친구의 생각을 살펴봐요

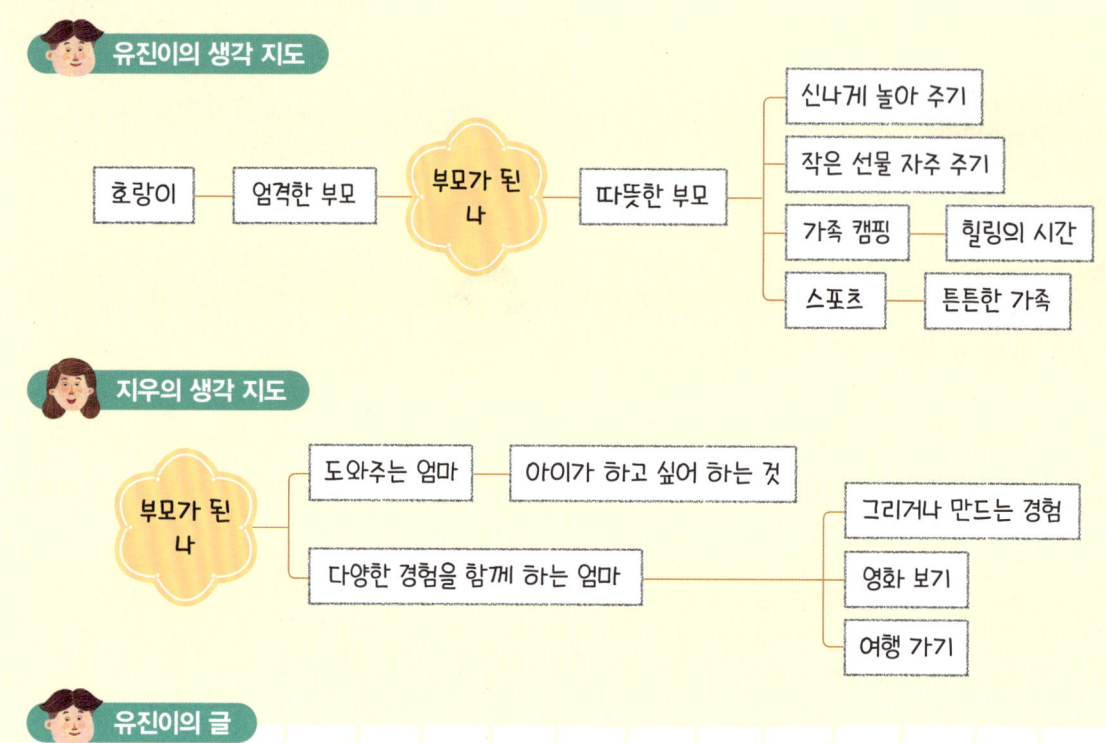

유진이의 글

나는 놀아 줄 때는 신나게 놀아 주지만, 혼낼 때는 호랑이처럼 엄격한 부모가 되고 싶다. 물론 혼만 내는 건 아니다. 작은 선물이라도 자주 주는 따뜻한 부모가 될 것이다. 그리고 매주 주말이면 캠핑하러 가서 가족들과 힐링하는 시간을 많이 가질 것이다.
한 가지 더! 아이들과 함께 여러 가지 스포츠를 많이 해서 튼튼한 가족이 되고 싶다.

지우의 글

나는 내 아이가 하고 싶어 하는 것을 마음껏 해볼 수 있게 도와주는 엄마가 되고 싶다. 아직 아이가 하고 싶어 하는 것을 찾지 못했다면 여러 가지를 경험하게 해줄 것이다. 무언가를 그리거나 만들기도 하고, 영화도 많이 보고 다양한 관광지들을 찾아 여행을 갈 것 같다.

4단계 스스로 써 봐요

나의 생각 지도

나의 글

함께 만들어 봐요
4

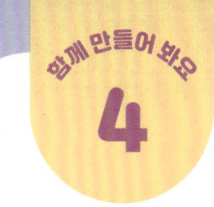

양파 축제 포스터 만들기

축제 기획자가 해야 하는 일은 크게 두 가지로 나눠집니다. 첫 번째, 축제 기획하기, 두 번째, 기획한 축제 알리기. 축제를 알릴 때 가장 많이 사용하는 방법은 축제 포스터를 만드는 것입니다. 양파 축제 포스터를 만들어 보세요. 단, 다음 조건이 들어 있어야 합니다.

양파 축제 기간 - 양파 축제 장소 - 양파 축제에 포함된 세 가지 코너 - 양파 그림

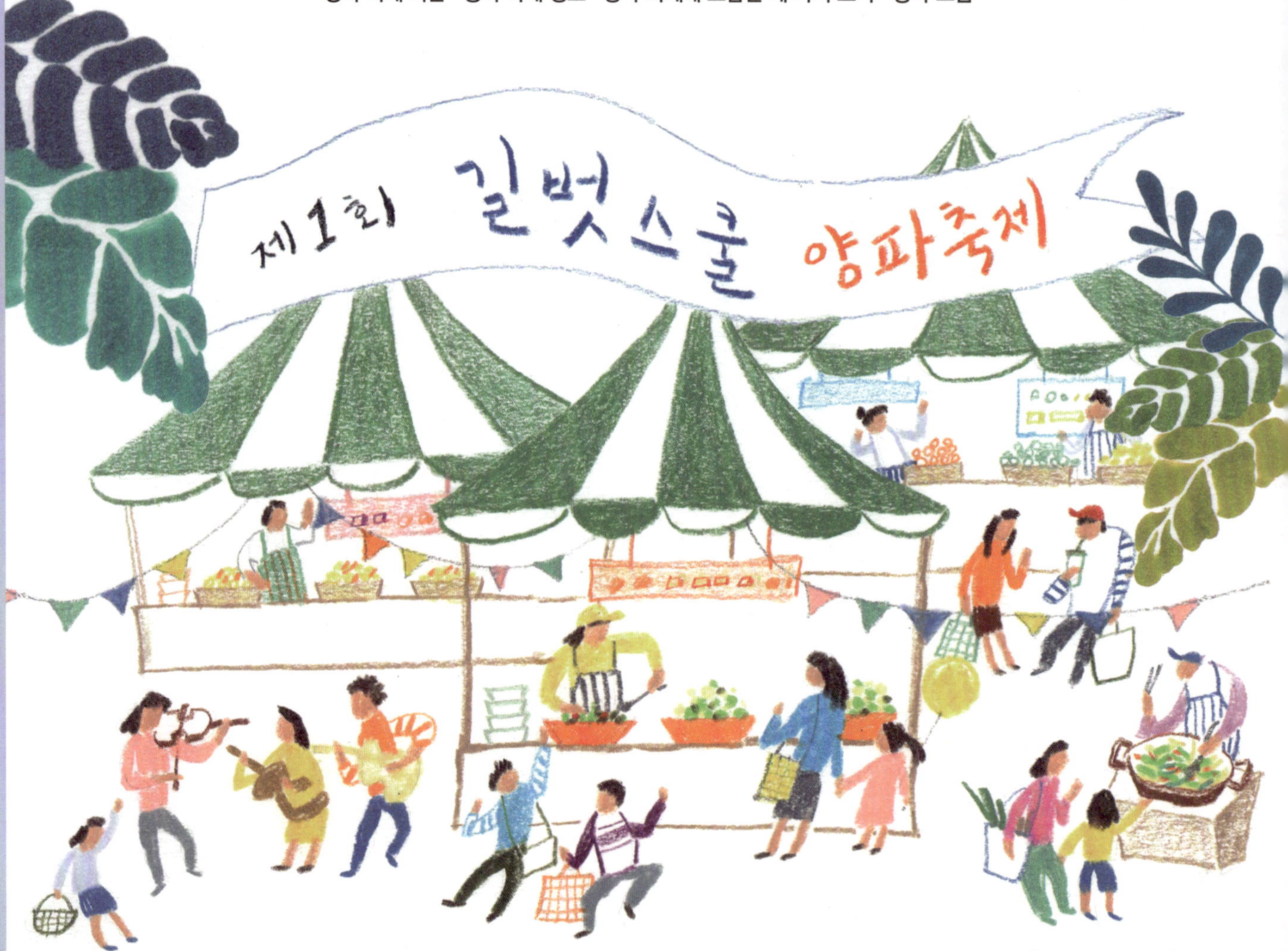

기간 :

장소 :

주요 행사 1

주요 행사 2

주요 행사 3

5장

21 5주 차 1일 **경제** 성탄절 카페에는 어떤 메뉴가 어울릴까?
22 5주 차 2일 **과학** 호랑이와 사자가 싸우면 누가 이길까?
23 5주 차 3일 **사회** 전화기의 발명과 관련된 두 사람 사이의 비밀은?
24 5주 차 4일 **예술** 내가 만화를 좋아하는 이유는?
25 5주 차 5일 **철학** 네 살 동생에게 산타가 있다고 거짓말해도 될까?

21 성탄절 카페에는 어떤 메뉴가 어울릴까?

5주 차 1일

오늘의 주제

1년 중 딱 이틀만 문을 여는 카페를 만든다면 어떤 날에 문을 여는 게 좋을까요? 따뜻한 기분이 느껴지는 성탄절을 고르고 싶다고요? 만약 12월 24일, 25일에만 문을 여는 카페가 있다면 이곳에서는 어떤 음료와 음식을 판매할까요? 성탄절 카페에 어울리는 메뉴를 설명해 보세요. (음료 2종류, 빵이나 과자 2종류 이상)

1단계 배경 지식을 쌓아요

✦ 수요의 비밀

어떤 물건을 사고 싶은 사람들은 언제 많아질까요? 여러분들이 잘 알고 있는 초콜릿 막대 과자에 비밀이 있습니다. 매년 11월 11일이 되면 우리나라의 많은 사람들이 이 과자를 주고받습니다. 그래서 이 과자 판매량의 90% 이상이 11월에 몰려 있다고 합니다. 자, 여러분들은 매월 그 과자를 샀나요? 아니면 잊고 지내다 11월에 많이 샀던 것 같나요? 초콜릿을 선물하는 2월 14일, 사탕을 선물하는 3월 14일에는 어땠나요?

특정한 시기에 어울리는 과자나 메뉴는 그 시기에 특별히 더 잘 팔립니다. 수요가 많으니까요. 성탄절에는 다른 어떤 시기보다도 케이크가 많이 팔린다고 하죠? 여러분의 상상 속에 있는 성탄절 카페에는 어떤 메뉴가 있나요? 그 메뉴에서 성탄절 느낌이 많이 날수록 고객들의 수요가 많아지는 게 아닐까요? 성탄절 무렵에 고객들이 좋아하는 건 어떤 색깔, 어떤 느낌, 어떤 맛일까요? 그 안에 수요의 비밀이 담겨 있는 게 아닐까요?

공부한 날   월   일

 **선생님의 조언** | 어떠한 물건을 사고자 하는 마음을 '수요'라고 합니다. '수요가 있다.'라는 말은 '사고 싶은 사람들이 있다.'라는 말입니다. 세상에서 판매되는 대부분의 물건은 수요의 영향을 받습니다.

2단계 생각을 틔워요

1 사람들이 성탄절에 따뜻하고 달콤한 음식을 찾는 이유는 무엇일까요?

> **해솔이의 글**
> 성탄절에 가족 또는 친구들과 함께 달콤한 음식을 나눠 먹으면 기분이 좋아지고 따뜻한 분위기가 나서 이런 음식을 먹는 것 같다.

> **나의 글**

2 성탄절과 관련된 음식을 먹어 본 경험을 떠올려 볼까요?

> **해솔이의 글**
> 매년 성탄절에는 생크림케이크나, 초콜릿케이크, 아이스크림케이크 같은 걸 먹었다. 지난 성탄절에는 독일의 '성탄절 빵'이라는 슈톨렌을 처음 먹어봤다.

> **나의 글**

3 성탄절에 어울리는 음료나 음식에는 어떤 것이 있을까요?

> **해솔이의 글**
> 따뜻하면서 달콤한 핫초코? 따뜻한 우유? 이 위에 루돌프 모양의 쿠키가 올라가면 성탄절 느낌이 더 날 것 같다. 음식으로는 케이크나 쿠키가 좋을 것 같다.

> **나의 글**

21 성탄절 카페에는 어떤 메뉴가 어울릴까?

3단계 친구의 생각을 살펴봐요

해솔이의 생각 지도

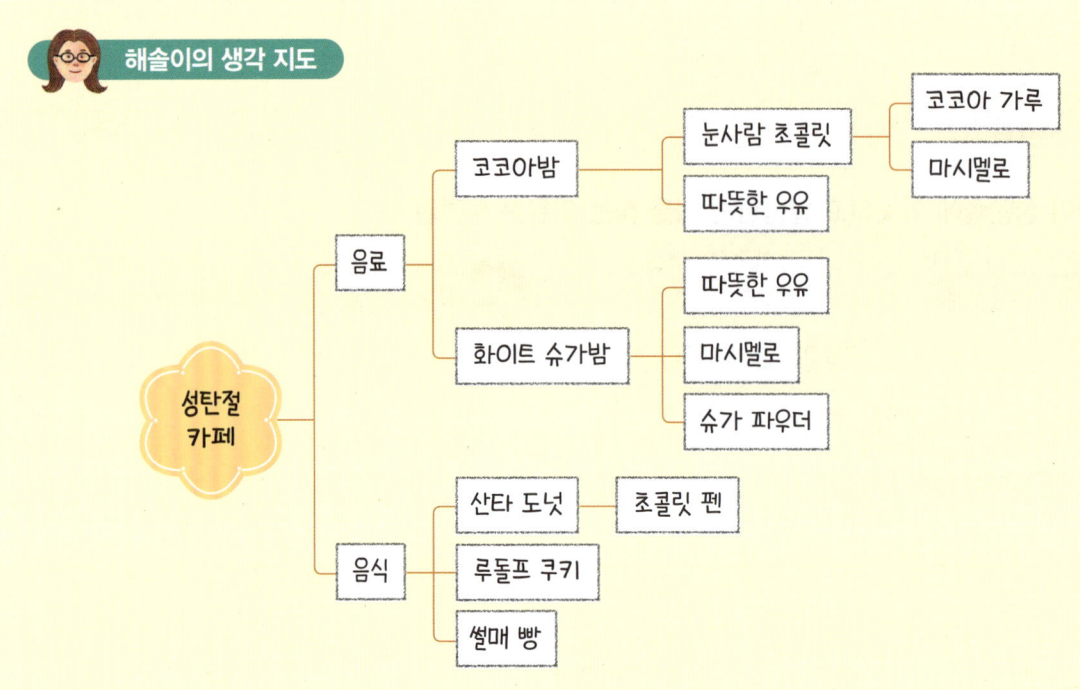

해솔이의 글

성탄절 카페의 대표 메뉴는 '코코아밤'이라는 음료다. '코코아밤' 안에는 눈사람 모양의 초콜릿이 하나 들어 있는데 이건 보통 초콜릿이 아니다. 초콜릿 안에 달콤하면서 쌉싸름한 코코아 가루와 말랑하고 달콤한 마시멜로가 들어 있다.

'코코아밤'을 주문하면 머그잔에 눈사람 초콜릿을 넣고 따뜻한 우유를 부어 준다. 그러면 눈사람이 녹으면서 그 안에 있던 코코아 가루와 마시멜로가 조금씩 밖으로 나온다. '코코아밤'만큼 인기 있는 메뉴는 '화이트 슈가밤'이다. 이 음료를 주문하면 따뜻한 우유에 마시멜로를 몇 개 띄운 다음 그 위에 슈가 파우더를 뿌려 준다.

이 밖에도 성탄절 카페에서는 직접 초콜릿 펜으로 산타를 그려 넣어 만들어 먹는 '산타 도넛'과 '루돌프 쿠키', '썰매 빵' 같은 것들을 판매하고 있다.

4단계 스스로 써 봐요

나의 생각 지도

나의 글

22 호랑이와 사자가 싸우면 누가 이길까?

오늘의 주제

호랑이와 사자가 싸우면 누가 이길까요? 두 동물 중 하나를 고르고, 그 동물이 이길 것 같은 이유를 써 보세요.

1단계 배경 지식을 쌓아요

✿ 전 세계 사람들이 궁금해 하는 호랑이 vs 사자

인터넷에 '호랑이 vs 사자'를 검색해 보세요. 그다음, 'Tiger vs Lion'을 검색해 보세요. 두 동물 중 어떤 동물이 더 강한지에 대해 궁금해 하는 사람은 한국인뿐만이 아닙니다. 전 세계의 사람들이 관심을 보이는 소재죠. 고대 로마 시대 때, 검투 경기장에서 호랑이와 사자를 대결시켰다는 기록도 있답니다.

✿ 비슷하면서 다른 호랑이와 사자

호랑이와 사자는 비슷한 점이 많습니다. 날카로운 송곳니, 멀리 있는 동물들을 볼 수 있는 뛰어난 시력, 엄청난 힘을 자랑하는 앞발. 물론 다른 점도 많습니다. 우선 사는 곳이 다릅니다. 호랑이는 주로 산이나 나무가 우거진 습지에서 살죠. 반대로 사자는 넓은 초원에서 삽니다. 두 동물은 생활 습성도 다릅니다. 호랑이는 주로 혼자서 지내는 경우가 많지만, 사자는 10마리 이상으로 무리를 지어 생활하는 경우가 많습니다. 이런 다른 점들이 있어서 호랑이와 사자가 싸우는 경우는 쉽게 일어나지 않습니다. 하지만 궁금하지 않나요? 두 동물이 싸우면 과연 누가 이기게 될까요?

공부한 날 ○월 ○일

선생님의 조언 | '동물의 왕'이라는 단어를 들으면 어떤 동물이 생각나나요? 식육목 고양이과에 속하는 두 동물, 호랑이와 사자가 떠오르지 않나요? 호랑이와 사자가 섞인 라이거나 타이곤이 떠오른다고요?

2단계 생각을 틔워요

1 사람들이 호랑이와 사자의 싸움을 궁금해 하는 이유는 무엇일까요?

> **선호의 글**
> 둘 다 강해 보이는 동물이기 때문이다. 그리고 둘 다 고양이과라서 그런지 느낌이 비슷하다. 특히 둘의 싸움 실력이 비슷할 것 같아 궁금해 하는 것 같다.

> **나의 글**

2 호랑이가 이긴다면 어떤 이유 때문일까요?

> **선호의 글**
> 예전에 책에서 읽었는데 호랑이가 사자보다 점프력이 더 좋다고 한다. 때리거나 물어버린 다음 높은 곳으로 도망치면 된다. 또 송곳니도 사자보다 더 큰 것 같다.

> **나의 글**

3 사자가 이긴다면 어떤 이유 때문일까요?

> **선호의 글**
> 사자가 갈기를 이용해 호랑이를 위협할 것 같다. 사자는 갈기 때문에 실제 몸집보다 훨씬 커 보인다. 싸움은 기세가 중요한데 더 크게 보여서 기선을 제압한다.

> **나의 글**

3단계 친구의 생각을 살펴봐요

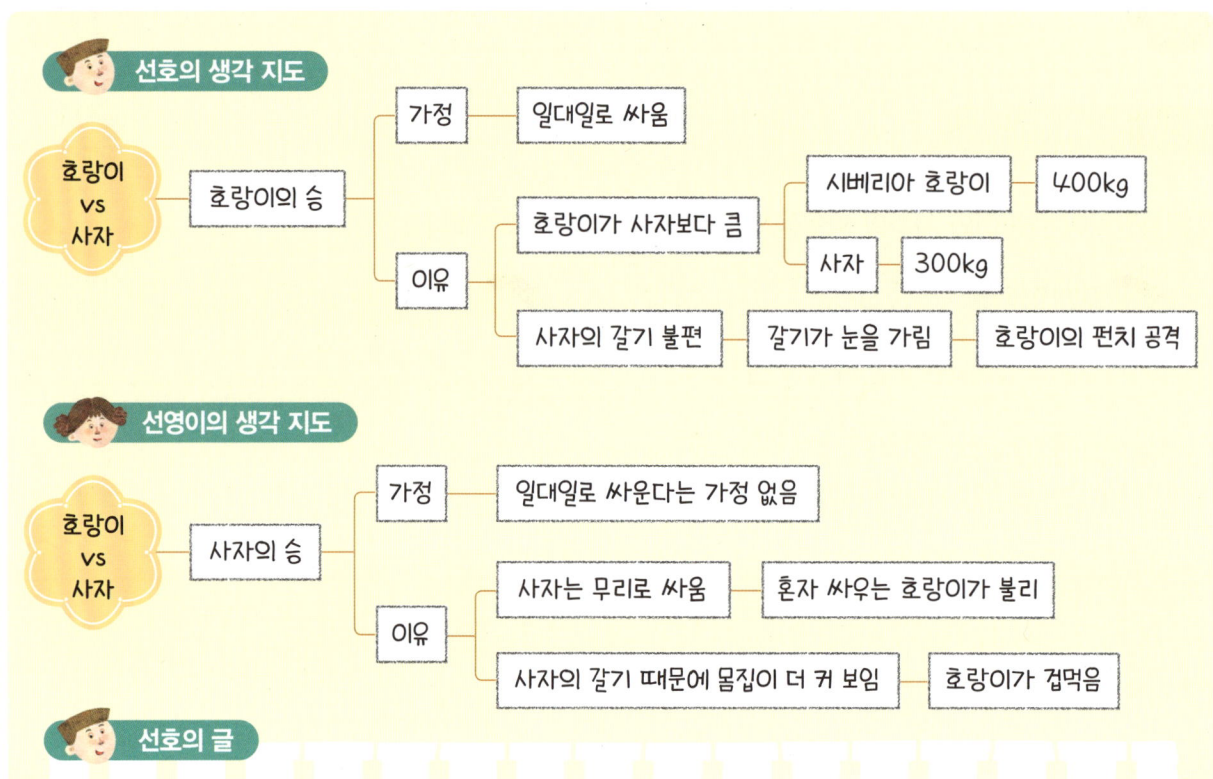

선호의 글

호랑이가 이긴다. 단, 일대일로 싸운다는 가정이 있어야 한다.

첫째, 호랑이가 사자보다 크다. 시베리아 호랑이 중에는 400kg을 넘는 커다란 호랑이도 있다. 사자는 300kg이 안 된다. 싸움에 있어 중요한 건 몸집. 그래서 호랑이가 이긴다.

둘째, 사자의 갈기가 사자의 눈을 잠깐 가리는 순간, 호랑이가 펀치를 날리면 게임은 끝난다.

선영이의 글

사자가 이긴다. 일대일로 싸운다는 가정은 없다.

첫째, 사자는 무리로 싸운다. 무리 지어 다니지 않는 호랑이는 혼자 싸워야 해서 불리하다.

둘째, 사자의 갈기 때문에 몸집이 더 커 보인다. 호랑이는 커 보이는 사자에게 겁먹을 수 있다.

4단계 스스로 써 봐요

나의 생각 지도

나의 글

23 전화기의 발명과 관련된 두 사람 사이의 비밀은?

5주 차 3일

오늘의 주제

많은 친구들이 전화기를 처음 발명한 사람으로 '벨'이라는 이름을 떠올릴 겁니다. 그런데 실제로는 전화기를 가장 먼저 발명한 사람은 벨이 아니라 이탈리아의 '안토니오 메우치'입니다. 둘 사이에는 어떤 일이 있었던 걸까요? 왜 세상 사람들은 메우치보다 벨을 먼저 떠올리는 걸까요? 두 사람 사이에 얽힌 이야기를 상상해 써 보세요.

1단계 ▶ 배경 지식을 쌓아요

✿ 안토니오 메우치

안토니오 메우치는 이탈리아의 발명가입니다. 최초로 전화기를 발명했다고 알려진 알렉산더 그레이엄 벨보다 21년 전에 전화기를 먼저 발명했다고 합니다. 하지만 이탈리아 이외의 곳에서는 전화기의 최초 발명가를 안토니오 메우치가 아니라 알렉산더 그레이엄 벨로 알고 있었습니다. 선생님이 초등학교 때 읽었던 책에는 대부분 알렉산더 그레이엄 벨이 전화기의 발명가로 쓰여 있었고요. ('벨'이 발명해서 전화기에서 나는 소리를 '벨' 소리라고 했었던 기억이 나네요.) 메우치가 가장 먼저 발명한 전화기인데 벨에게 '최초'라는 수식어를 빼앗기게 된 이유는 무엇일까요? 아래 단어 속에 그 힌트가 담겨 있습니다.

가난, 돈, 특허권, 설계도, 아이디어, 발명가, 발명 능력, 자존심, 이민자, 판결

오늘 글쓰기를 모두 마친 다음에 벨과 메우치의 이야기를 검색해 보세요!

공부한 날 ○월 ○일

선생님의 조언 | 새로운 기술이나 물건, 수단 등을 만들어 낸다는 건 굉장히 어려운 일입니다. 창의성이 필요한 작업이죠. 새로운 아이디어를 떠올려 현실로 만드는 발명가에 대해 어떻게 생각하나요?

2단계 생각을 틔워요

1 발명가라는 직업에 대해서 어떻게 생각하나요?

지영이의 글
발명가는 세상에 없는 물건이나 기술을 만들어 내는 일을 한다. 창의성이 요구되는 직업이고, 엄청나게 많은 실패를 참고 견뎌 내야 하는 직업이라고 생각한다.

나의 글

2 먼저 발명한 사람보다 나중에 발명한 사람이 유명해진 까닭은 무엇일까요?

지영이의 글
나중에 발명한 사람이 더 유명한 사람이라서, 또는 먼저 발명한 사람이 자신이 발명했다는 사실을 주변 사람들에게 알리지 않아서일 것 같다.

나의 글

3 힌트 단어 중에 중요하다고 생각되는 단어는 무엇인가요?

지영이의 글
다음 순서대로 중요하다고 생각한다.
특허권, 가난, 돈, 아이디어!
벨이 메우치보다 먼저 특허권을 등록해 버린 게 아닐까?

나의 글

23 전화기의 발명과 관련된 두 사람 사이의 비밀은?

3단계 친구의 생각을 살펴봐요

지영이의 생각 지도

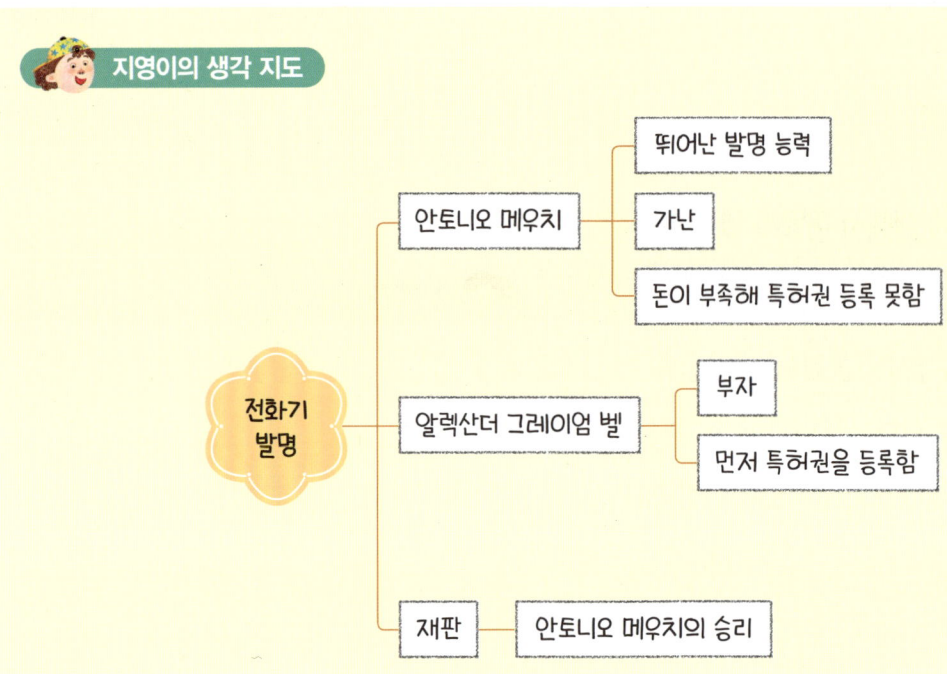

지영이의 글

안토니오 메우치는 매우 뛰어난 발명 능력을 지니고 있었지만, 가난했다. 전화기를 발명하려고 할 때도 매번 돈이 부족해서 주위 사람들에게 돈을 빌려 가며 연구를 이어갔다. 전화기를 발명했을 때도 바로 특허권 등록을 해야 했는데 돈이 모자라서 등록을 못 했다.

안토니오 메우치와 다르게 알렉산더 그레이엄 벨은 부자였다. 전화기를 연구하는 과정에서 아주 조그마한 것을 발견해도 모두 다 특허권 등록을 했다. 돈이 많아서 부담이 없었다. 벨은 안토니오 메우치보다 늦게 전화기를 발명하긴 했지만, 벨은 계속해서 특허권을 등록하고 있었기 때문에 안토니오 메우치보다 빨리 특허권을 등록할 수 있었다.

이 소식을 알게 된 안토니오 메우치는 자존심이 너무 상하여 법원에 재판을 신청했다. 아주 오랜 시간이 흐른 뒤 판결이 나오게 되었는데, 재판 결과는 안토니오 메우치의 승리였다.

4단계 스스로 써 봐요

나의 생각 지도

나의 글

24 내가 만화를 좋아하는 이유는?

오늘의 주제

만화는 어린이, 어른 할 것 없이 많은 사람이 좋아하는 예술 분야입니다. 내가 만화를 좋아하는 이유 세 가지를 설명해 보세요. 설명하는 글은 '처음 – 중간 – 끝'에 맞춰 써 보세요. (만약 만화를 좋아하지 않는다면, 좋아하지 않는 이유 세 가지로 바꾸어 써 보세요.)

1단계 배경 지식을 쌓아요

✡ **만화와 애니메이션은 같은 걸까? 다른 걸까?**

만화와 애니메이션은 비슷해 보이지만, 엄밀히 말하면 다릅니다. 둘의 차이점은 움직임입니다. 만화는 이야기가 담긴 그림으로, 그림은 정지되어 있죠. 애니메이션은 만화를 활용하여 생동감 있는 움직임을 넣은 영화입니다.

✡ **웹툰은 만화일까?**

웹툰이나 디지털 만화는 모두 만화라는 큰 개념에 포함됩니다.

✡ **만화의 특징**

- 글보다 그림이 많다.
- 그림이 담긴 칸의 크기나 모양이 다양하다.
- 그림과 함께 설명 또는 대사가 있다.
- 이야기나 정보를 알 수 있고, 정서를 느끼게 해 준다.

공부한 날 　월 　일

선생님의 조언 | 만화는 이야기가 담겨 있는 글과 그림을 말합니다. '만화가 무슨 예술이야?'라고 생각할 수 있습니다. 하지만 프랑스에서는 만화를 10가지 예술 중의 하나로 꼽고 있습니다.

2단계 생각을 틔워요

1 내가 즐겨 보거나 좋아하는 만화는 어떤 것인가요?

가연이의 글
학습 만화를 자주 본다. 한국사 만화나 《흔한남매》, 《에그박사》 같은 만화는 재미있으면서도 공부할 수 있는 내용이 있어 좋아한다.

나의 글

2 만화를 좋아하는 이유나 좋아하지 않는 이유를 한 가지 써 볼까요?

가연이의 글
만화는 읽기 쉽다. 다른 책들은 글이 빽빽해서 읽기 힘든데 만화는 그림이 많아서 읽기 편하다. 그래서 금방 한 권을 읽을 수 있다.

나의 글

3 만화를 좋아하는 이유나 좋아하지 않는 이유를 한 가지 더 써 볼까요?

가연이의 글
만화를 통해 그림 그리는 법을 배울 수 있다. 나는 원래 그림 그리는 걸 좋아하는데 만화를 보다 보면 만화가들이 어떻게 그림을 그리는지 배울 수 있다.

나의 글

3단계 친구의 생각을 살펴봐요

 가연이의 생각 지도

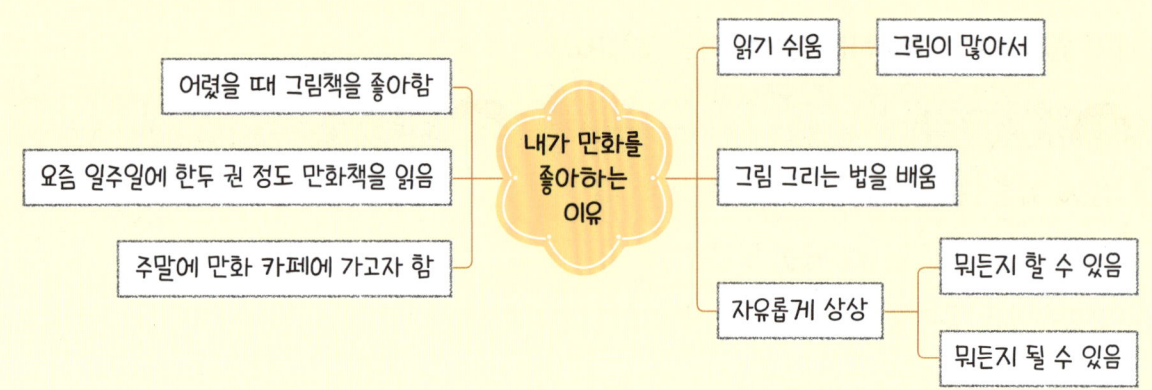

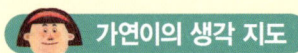 가연이의 글

나는 만화를 좋아한다. 어렸을 때 그림책을 좋아하던 게 만화로 넘어온 것 같다. 요즘에는 일주일에 한두 권 정도 만화책을 읽고 있다. 내가 만화를 좋아하는 이유는 세 가지다.

첫째, 읽기 쉽다. 다른 책들은 글이 많아서 읽기 힘든데 만화는 그림이 많아서 읽기 편하다.

둘째, 그림 그리는 법을 배울 수 있다. 나는 원래 그림 그리는 걸 좋아하는데 만화를 보다 보면 만화가들이 어떻게 그림을 그리는지 배울 수 있다.

셋째, 만화에서는 자유롭게 상상할 수 있다. 실제 세상에서 이루어지기 힘든 일들도 만화 세상에서는 뭐든지 할 수 있고, 뭐든지 될 수 있다.

이런 이유로 만화를 좋아한다. 읽기 쉽고, 그림을 배울 수 있고, 자유롭게 상상할 수 있어서.

이번 주말에는 만화 카페에 가 보고 싶다. 만약 못 가게 되면 웹툰이라도 볼 것이다.

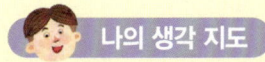

나의 생각 지도

나의 글

25 네 살 동생에게 산타가 있다고 거짓말해도 될까?

오늘의 주제

사람은 언제나 진실해야 할까요? 여러분들은 경우에 따라 진실하게 말할 수 없는 상황을 겪어 본 적이 있나요? 아래의 상황을 머릿속에 떠올려 본 다음, 동생에게 어떻게 말할 것인지, 그리고 그렇게 말하는 이유에 대해 써 보세요.

상황 네 살짜리 동생이 나에게 "이거 정말 산타 할아버지가 주신 선물이야?"라고 물어봤습니다.

1단계 배경 지식을 쌓아요

✿ 선의의 거짓말, 하얀 거짓말

거짓말은 항상 나쁜 것일까요? 상황에 따라 거짓말을 하는 게 더 나을 때는 없을까요? 거짓말 중에는 다른 사람들에게 해를 끼치지 않는 거짓말이 있습니다. 이런 거짓말을 선의의 거짓말, 하얀 거짓말이라고 합니다.

예를 들어 치료할 수 없는 병에 걸린 환자에게 "당신은 절대 나을 수 없습니다."라고 말하는 게 아니라 "약을 잘 챙겨 먹고, 긍정적으로 생각하면 나아질 수 있어요."라고 말하는 것, 이게 선의의 거짓말입니다. 실제로 이런 선의의 거짓말을 통해 환자의 병이 치료된 일도 있다고 합니다. 이처럼 좋은 의도를 가지고, 다른 사람들에게 도움을 주기 위해 하는 게 선의의 거짓말입니다.

혹시 친구들 중에 선의의 거짓말을 잘하는 친구가 있나요? 그 친구는 주로 어떤 선의의 거짓말을 하나요? 나는 선의의 거짓말을 해 본 적이 있나요? 만약 선의의 거짓말을 해야 하는 상황을 만나면 어떻게 말할 것인가요?

공부한 날 　월 　일

선생님의 조언 | 진실이 아닌 것을 마치 진실인 것처럼 말하는 걸 '거짓말'이라고 합니다. 여러분들은 거짓말을 하거나 들어 본 적이 있나요? 내 주변에서 거짓말을 잘하는 사람은 누구인가요?

2단계 생각을 틔워요

1. 부모님께 들었던 선의의 거짓말은 무엇인가요?

해솔이의 글
착한 일을 하면 산타 할아버지에게 선물을 받는다는 것. 부모님의 거짓말 때문에 유치원 때까지는 진짜 산타가 있다고 믿었던 것 같다.

나의 글

2. 내가 해 본 선의의 거짓말은 무엇인가요?

해솔이의 글
친구의 새로운 머리 스타일을 보고 예쁘다고 말한 것. 솔직히 예전 머리가 더 예뻤는데 친구의 기분을 상하게 하지 않으려고 바뀐 머리가 더 예쁘다고 말했다.

나의 글

3. 어렸을 때는 산타 할아버지가 있다고 믿는 것이 좋을까요?

해솔이의 글
어렸을 때는 동심이 있는 게 좋은 거 같다. 시간이 흘러 나이를 먹으면 자연스럽게 알게 될 테니까 어렸을 때는 산타가 있다고 믿는 게 나은 것 같다.

나의 글

3단계 친구의 생각을 살펴봐요

해솔이의 생각 지도

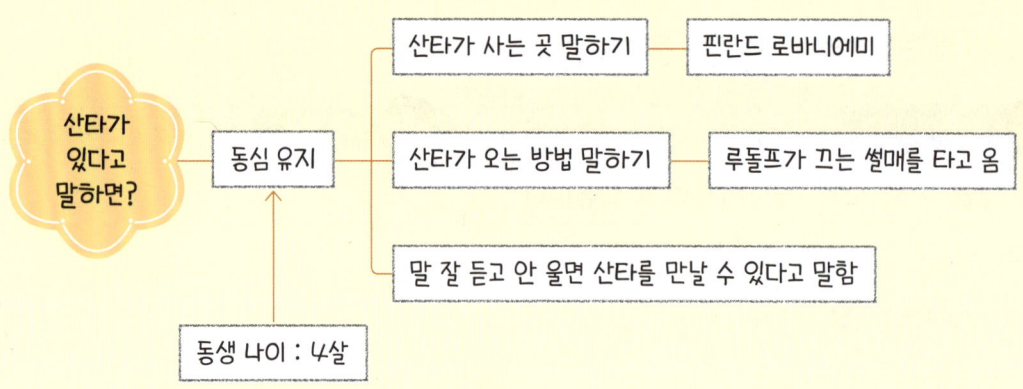

해솔이의 글

동생에게 산타는 실제로 있다고 말할 것이다. 그 이유는 아직 네 살밖에 안 되었기 때문에 동심을 파괴하기엔 이른 나이기 때문이다. 동생이 산타를 믿게 하도록 나는 두 가지 근거를 들어 이렇게 말할 것이다.

첫 번째, "산타는 핀란드의 로바니에미라는 곳에 살고 있고, 그곳에 산타들이 모여 사는 마을이 있어. 그 산타들이 성탄절에 선물을 가져다주려고 오는 거야."

두 번째, "산타가 한국까지 오려면 오래 걸리니까 루돌프가 썰매를 끌어서 날아오는 거야. 이걸 실제로 본 사람도 많아!"

그리고 마지막에는 이렇게 말한다.

"그러니까 너도 엄마, 아빠 말씀 잘 듣고 안 울면 언젠가는 산타를 만날 수 있을 거야."

4단계 스스로 써 봐요

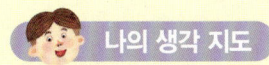

성탄절 카페의 메뉴판 그리기

글쓰기를 하며 성탄절 카페에 어울리는 메뉴를 생각해 보았죠? 자, 그럼 이번엔 내 생각을 발전시켜 볼 차례입니다. 성탄절 카페의 메뉴판을 만들어 보는 겁니다. 성탄절 음료와 케이크의 이름은 무엇인지, 어떻게 생겼는지, 가격은 얼마인지 등을 메뉴판 속에 담아 보세요. 메뉴판이 어떻게 생겼는지 생각나지 않는다면 인터넷에서 '카페 메뉴판'을 검색해 봐도 좋습니다.

예시

〈 뉴이어 1간 〉

산타라떼 3,000   민초프라페 3,000   초코허니브레드 5,000   라즈베리무스 케이크 7,000   핫쵸코 아 밤 2,000

"MERRY CHRISTMAS"

DRINK
- 산타의 집 프라푸치노 3.5
- 아포가토 3.0
- 에이드 (사과, 레몬, 청포도) 3.0
- 핫쵸코 3.0
- 카페라떼 2.5

DESSERT
- 브레드 푸딩 2.0
- 크림치즈 베이글 3.5
- 티라미수 4.0
- 마카롱 2.5
- 전복케이크 4.5

6장

26　6주 차 1일　경제　이 물건을 사고 싶으신가요?
27　6주 차 2일　과학　나에게 거미줄을 만들 수 있는 능력이 있다면?
28　6주 차 3일　사회　가족과 함께 특산물 여행을 떠나게 된다면?
29　6주 차 4일　예술　익숙한 물건을 엄청나게 크게 만든다면?
30　6주 차 5일　철학　대한민국에서 제일 자유로운 초등학생은?

6주 차 1일

26 이 물건을 사고 싶으신가요?

오늘의 주제

내가 물건을 판매하는 사람이라면 사람들에게 어떤 물건을 판매해 보고 싶나요? 그 물건에 값을 매긴 다음, 물건을 광고하는 글을 써 보세요. 글을 읽는 사람들이 지금 당장 사고 싶은 마음이 들게 만든다면 성공입니다!

1단계 배경 지식을 쌓아요

✦ 광고에서 자주 사용하는 표현

요즘 사람들은 광고의 홍수 속에 살고 있습니다. TV를 봐도 광고, 스마트폰을 열어 봐도 광고, 라디오를 들어도 광고, 신문을 봐도 광고, 지하철이나 버스에도 광고가 있습니다. 심지어 엘리베이터에도 광고가 붙어 있죠. 이런 광고에서 자주 사용되는 표현이 있습니다. 소비자들의 눈길을 끄는 단어들입니다. 소비자 입장에서 이 단어를 들으면 무언가 모르게 당장 사야 할 것 같고, 오늘이 아니면 기회를 놓치는 것 같은 기분이 듭니다.

여러분들도 아래에 제시되는 표현을 사용하여 매력적인 광고를 만들어 보세요.

> 오늘 하루, 지금부터 30분 동안만, 세상에서 제일, 후회, 누구나 가지고 싶어 하는, 특별히, 최고의 기회, 당장, 지금, 주목, 이토록, 순식간에, 반값, 지금이야말로, 비밀, 매진, 품절, 프리미엄, 당신만을 위한, 상상해 보실래요?, 솔직하게, 열쇠, 5분 남았습니다, 얼마 남지 않았습니다.

공부한 날 　월 　일

 **선생님의 조언** | 광고는 상품이나 서비스를 소비자들에게 알리는 활동입니다. 광고는 우리 생활 모든 곳에서 찾아볼 수 있습니다. 오늘도 TV나 유튜브에서 광고를 보지 않았나요?

2단계 생각을 틔워요

1 내 물건 중 친구들이 가지고 싶어할 만한 물건에는 어떤 게 있나요?

정빈이의 글
72색 색연필이다. 미술 시간에 색연필을 빌리러 오는 친구들이 많은 걸 보면 친구들이 가지고 싶어 할 것 같다.

나의 글

2 그 물건의 좋은 점은 무엇인가요?

정빈이의 글
색깔이 정말 다양하다. 튼튼한 상자가 있어 보관하기 쉽다. 다른 색연필보다 부드럽게 그려진다. 그림을 잘 그리는 유튜버들도 이 제품을 사용하고 있다.

나의 글

3 그 물건을 광고할 때 사용하고 싶은 단어는 무엇인가요?

정빈이의 글
최고로 꼽히는, 인기가 많기 때문, 추천, 상상해 보실래요?

나의 글

26 이 물건을 사고 싶으신가요?

3단계 친구의 생각을 살펴봐요

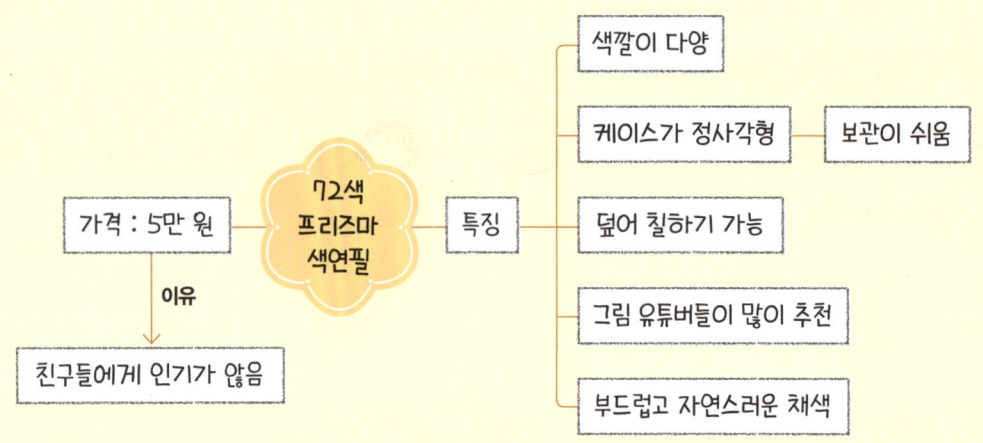
정빈이의 생각 지도

정빈이의 글

오늘 여러분들에게 소개할 제품은 색연필입니다. 하지만 평범한 색연필이 아닙니다. 색연필 중에 최고로 꼽히는 72색 프리즈마 색연필입니다. 사실 이 색연필을 팔 생각은 없지만, 혹시 팔게 된다면 5만 원이라는 가격을 붙이고 싶습니다. 왜냐하면 친구들이 자주 빌려달라고 할 만큼 인기가 많기 때문입니다.

그럼 프리즈마 색연필의 장점을 이야기해 보겠습니다. 하나, 72색이라 색깔이 다양해서 원하는 색깔은 거의 다 있다고 보시면 됩니다. 둘, 케이스가 정사각형 모양이라서 보관이 쉽습니다. 셋, 덮어 칠하는 게 가능합니다. 넷, 그림 유튜버들도 이 제품을 많이 추천합니다(유튜버 ○○, ○○). 다섯, 평범한 색연필들과 다르게 조금 더 부드럽고 자연스럽게 색을 입힐 수 있습니다. 미술 시간, 프리즈마 색연필을 사용하는 내 모습을 상상해 보실래요?

4단계 스스로 써 봐요

나의 생각 지도

나의 글

27 나에게 거미줄을 만들 수 있는 능력이 있다면?

오늘의 주제

강철보다 더 강하고 질기다는 거미줄. 심지어 방탄조끼를 만들 때도 거미줄이 사용된다고 합니다. 만약 내가 거미줄을 만들 수 있는 능력이 생긴다면 이 능력을 어디에 어떻게 사용하고 싶은지 상상해 써 보세요.

1단계 배경 지식을 쌓아요

✿ 거미줄이 가진 특별한 힘, 인장력

거미줄은 인장력을 가지고 있습니다. 인장력이란 떨어져 있는 물체가 서로 끌어당기는 힘을 말합니다. 이 인장력 때문에 거미줄에 걸리게 되면 빠져나오기 어려운 것이죠. 거미줄이 가진 인장력은 강철보다 세다고 합니다.

✿ 인장력만큼 뛰어난 탄성력

거미줄은 탄성력도 뛰어납니다. 탄성력은 원래의 모양이나 상태로 되돌아가려는 힘을 말합니다. 고무줄을 떠올려 보세요. 고무줄은 길게 늘어뜨리더라도 다시 처음으로 돌아가려 합니다. 거미줄도 이러한 탄성력을 가지고 있습니다.

✿ 거미줄은 꼬이지 않는다?

영국과 중국의 연구팀에 따르면 거미줄은 특수한 구조로 되어 있어 그 길이가 아무리 길어지더라도 꼬이지 않는다고 합니다. 이러한 성질을 비틀어지지 않으려 하는 '비틀림 저항성'이라고 합니다.

공부한 날　월　일

 **선생님의 조언** | 거미의 항문 근처에서 나오는 거미줄에는 여러 가지 과학적 원리와 개념들이 담겨 있습니다. 몇 가지 사실을 알고 거미줄을 본다면 거미줄이 지저분하기보다는 신기하게 느껴질 거예요.

2단계 생각을 틔워요

1 엄청나게 큰 대형 거미줄이 있다면 어떻게 사용할 수 있을까요?

성유의 글
거미줄에 걸리지 않고 이쪽에서 저쪽을 통과하는 게임 같은 걸 하지 않을까? 아니면 몸에 거미줄을 돌돌 말기? 거미줄에 물건 보관하기?

나의 글

2 똑같이 생긴 거미줄 10,000개를 붙이면 어떻게 될까요?

성유의 글
매우 가벼우면서도 튼튼한 소재가 될 것 같다. 그리고 잘 끊어지지 않을 것 같다. 또 소파나 쿠션처럼 푹신한 느낌이 들 것 같다.

나의 글

3 거미줄이 있어야 하는 사람이 있다면 누구일까요?

성유의 글
가벼우면서도 튼튼한 소재의 물건이 필요한 사람, 캠핑을 자주 다니는 사람이나 위험한 일을 하는 사람에게 텐트나 옷감으로 필요할 것 같다.

나의 글

27 나에게 거미줄을 만들 수 있는 능력이 있다면? **125**

3단계 친구의 생각을 살펴봐요

성유의 생각 지도

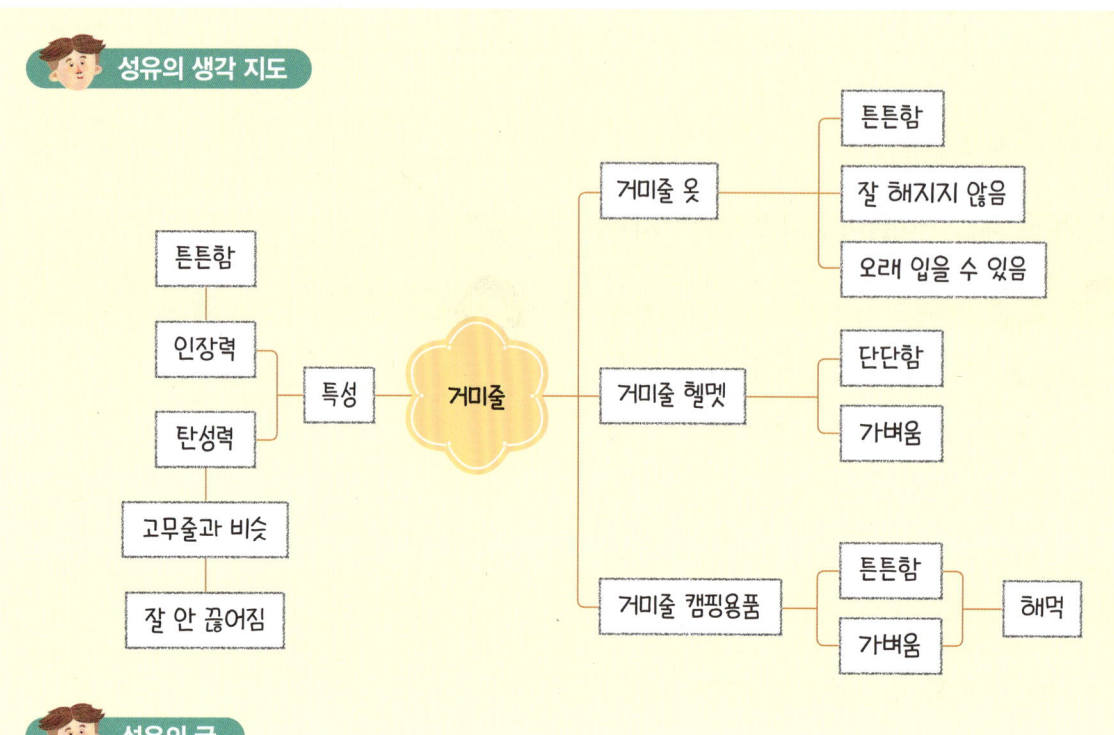

성유의 글

거미줄은 인장력을 가지고 있어 튼튼하다. 그리고 탄성력 때문에 고무줄처럼 잘 끊어지지 않는다. 내가 거미줄을 만들 수 있게 되면 이 두 가지 특성을 잘 이용할 것이다.

첫 번째 생각은 거미줄 옷을 만드는 것이다. 아주 튼튼하고 잘 해지지 않기 때문에 한 번 사면 10년, 20년, 길게는 평생 입을 수 있는 옷이 될 수 있다.

두 번째 생각은 건설 현장에서 사용하는 거미줄 헬멧을 만드는 것이다. 거미줄이 강철보다 단단하면서도 무게가 가벼워서 아주 좋은 헬멧이 될 것 같다.

세 번째 생각은 거미줄 캠핑용품을 만드는 것이다. 캠핑용품은 튼튼하면서도 가벼운 게 좋다. 나무에 매달아 사용하는 해먹 같은 걸 거미줄로 만든다면 엄청난 인기를 끌 것 같다.

이렇게 좋은 거미줄을 사람들은 왜 아직 사용하지 않는 걸까?

4단계 스스로 써 봐요

나의 생각 지도

나의 글

28. 가족과 함께 특산물 여행을 떠나게 된다면?

오늘의 주제

우리나라에는 각 고장을 대표하는 특산물들이 있어요. 제주의 감귤, 여주의 쌀, 속초의 오징어, 영주의 사과, 영덕의 대게처럼 말이죠. 가족들과 함께 캠핑카를 타고 떠나는 '특산물 여행' 계획을 상상해 써 보세요.

1단계 배경 지식을 쌓아요

✦ 전국의 특산물

전국의 특산물 중에서 내가 알고 있거나, 본 적이 있거나 또는 먹어 본 적이 있는 것에 동그라미 해 보세요.

- 강원도 : 강릉 초당두부, 속초 오징어, 횡성 한우, 태백 곰취, 영월 곤드레
- 경기도 : 여주 쌀, 이천 쌀, 가평 잣, 수원 갈비, 양평 버섯, 고양 장미
- 충청북도 : 괴산 고추, 영동 곶감, 영동 포도, 단양 마늘, 보은 대추
- 충청남도 : 천안 호두, 공주 알밤, 논산 딸기, 예산 사과, 태안 대하
- 경상북도 : 영덕 대게, 울릉도 오징어, 청도 복숭아, 경주 황남빵, 안동 간고등어
- 경상남도 : 통영 꿀빵, 거창 사과, 거제 멸치, 의령 수박, 밀양 대추
- 전라북도 : 순창 고추장, 진안 인삼, 전주 비빔밥, 임실 치즈, 고창 복분자
- 전라남도 : 영광 굴비, 완도 전복, 보성 녹차, 나주 배, 광양 매실, 무안 양파
- 제주도 : 감귤, 한라봉, 흑돼지

공부한 날 　월 　일

 **선생님의 조언 |** 특산물은 특정한 지역에서 생산되어 나오는 물건이나 음식입니다. 충청남도를 예로 들자면 보령시의 진흙, 청양군의 청양고추, 금산군의 인삼 등이 있습니다. 우리 지역에는 어떤 특산물이 있나요?

2단계 생각을 틔워요

1 전국의 특산물 중에서 내가 먹어 보고 싶은 것은 무엇인가요?

> **창수의 글**
> 강릉 초당두부, 횡성 한우, 영동 포도, 천안 호두, 공주 알밤, 영덕 대게 등을 먹어 보고 싶다.

> **나의 글**

2 전국의 특산물 중에서 우리 가족이 좋아하는 것은 무엇인가요?

> **창수의 글**
> 부모님은 수원 갈비, 영동 곶감, 청도 복숭아, 영광 굴비를 좋아하신다. 동생은 영동 포도, 논산 딸기, 경주 황남빵, 나주 배를 좋아한다.

> **나의 글**

3 특산물 여행을 간다면 어떤 순서로 여행하고 싶나요?

> **창수의 글**
> 내가 사는 지역이 경상남도이므로 먼저 그 위쪽 경상북도로 가거나 아니면 전라남도로 갈 것 같다. 그다음에는 시계 방향이나 시계 반대 방향으로 이동하고 싶다.

> **나의 글**

3단계 친구의 생각을 살펴봐요

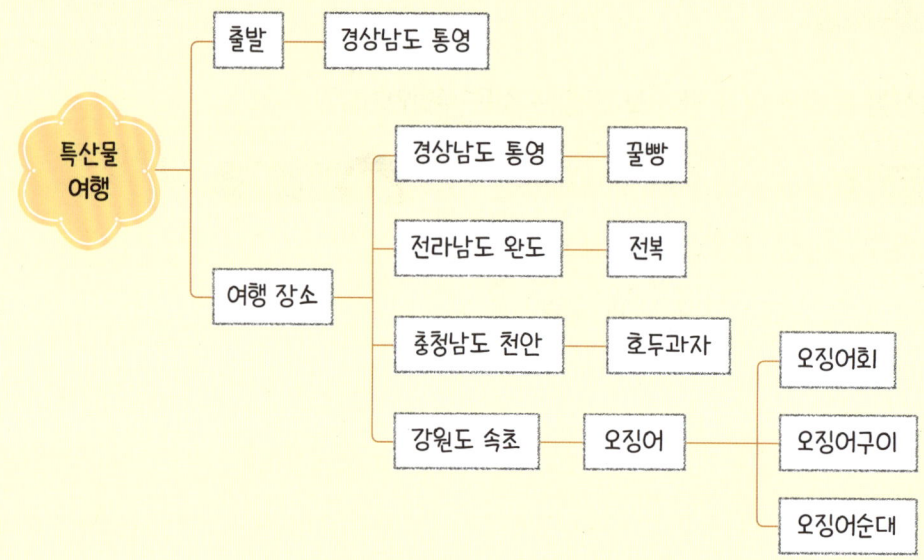

창수의 글

우리 가족은 이번 여름에 특산물 여행을 갈 계획이다. 내가 사는 경상남도 통영에서 출발해 각 고장의 특산물들을 하나씩 먹으며 위쪽으로 올라갈 것이다.

먼저, 우리 고장의 특산물인 통영 꿀빵을 먹는 것부터 시작한다. 그다음은 전라남도 완도로 간다. 캠핑 바비큐에 전복이 필요하기 때문이다. 완도에서 전복을 사고 충청남도 천안으로 간다. 천안의 명물 호두과자를 먹기 위해서다. 그 다음 목적지는 강원도 속초다. 속초에는 여러 가지 특산물이 있지만, 그중 최고는 오징어다. 멋진 바다를 보며 먹는 오징어회, 오징어구이, 오징어순대!

각 고장을 대표하는 맛있는 특산물을 먹는 여행, 상상만으로도 기분이 좋아진다.

4단계　스스로 써 봐요

나의 생각 지도

나의 글

29 익숙한 물건을 엄청나게 크게 만든다면?

6주 차 4일

오늘의 주제

아래 보이는 작품처럼 작은 물건을 커다랗게 만들 수 있다면 어떤 물건을 고르고 싶나요? 그리고 어디에 전시하고 싶나요? 내가 만든 작품의 제목과 작품에 담긴 의미도 함께 써 보세요.

1단계 배경 지식을 쌓아요

★ **클래스 올덴버그라는 조각가에 대해 알아볼까요?**

팝아트를 하는 팝아티스트 중에는 〈숟가락 다리와 체리〉처럼 우리에게 익숙한 작은 물건을 커다랗게 만드는 조각가들이 있습니다. 클래스 올덴버그는 이 분야에서 매우 유명한 작가 중의 한 사람입니다.

그는 익숙한 물건을 커다랗게 만들어서 낯설게 보이게 하는 걸 잘했습니다. 전 세계에 그가 디자인한 물건들이 있는데 우리나라의 청계천 광장에도 2006년 다슬기 또는 소라 모양의 작품이 전시된 바 있습니다.

다음은 그의 작품의 주제가 되어 준 물건의 목록입니다.

> 망치, 셔틀콕, 단추, 자전거, 빨래집게, 다슬기, 립스틱 붓, 톱, 아이스크림,
> 좌변기, 넥타이, 담배꽁초, 야구 방망이, 볼링 핀, 과일 조각 등

그의 작품이 궁금한 친구들은 클래스 올덴버그라는 이름과 함께 위의 물건들을 검색창에 입력해 보세요.

공부한 날　　월　　일

 **선생님의 조언** | '팝아트'는 익숙한 물건이나 일상생활에서 자주 사용하는 물건을 예술의 주제로 삼아 전통적인 예술과는 다른 접근 방법으로 예술 작품을 만드는 미술 운동입니다.

2단계　생각을 틔워요

1 커다랗게 만들고 싶은 작은 물건을 열 가지 이상 찾아 써 볼까요?

선아의 글
연필, 지우개, 볼펜, 필통, 자, 교과서, 공책, 책상, 실내화, 분필 등.

나의 글

2 위에 쓴 물건 중에 한두 가지를 고르고, 이 물건을 커다랗게 만들고 싶은 이유를 써 볼까요?

선아의 글
연필과 지우개. 전 세계의 모든 초등학생들이 공부할 때 사용하는 물건이기 때문이다. 두 가지 물건을 크게 만들면 열심히 공부하라는 뜻을 전달할 수 있을 것 같다.

나의 글

3 내가 만든 작품의 제목은 무엇으로 하고 싶나요?

선아의 글
클래스 올덴버그처럼 그 물건의 이름을 제목으로 하는 게 좋은 것 같다. 그래서 깔끔하게 〈연필과 지우개〉라고 작품 제목을 정하고 싶다.

나의 글

3단계 친구의 생각을 살펴봐요

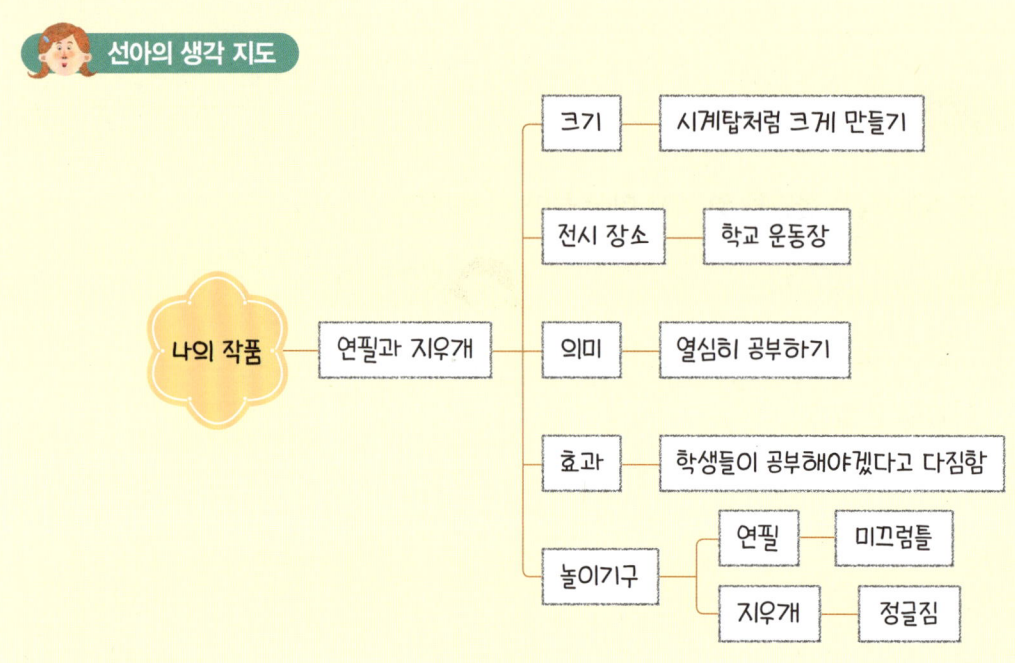

선아의 글

내가 고른 물건은 연필과 지우개다. 연필과 지우개를 시계탑 크기로 커다랗게 만든 다음 학교 운동장 한가운데 전시하는 것이다. 작품 제목은 물건 이름 그대로 <연필과 지우개>로 정했다.

이 작품에는 다음과 같은 의미가 담겨 있다.

'학생들이 매일 쓰는 연필과 지우개를 사용하여 매일 열심히 공부합시다!'

운동장 한가운데 이 작품이 있으므로 학생들은 매일 이 작품을 보면서 열심히 공부해야겠다고 생각하게 될 것이다. 선생님이나 부모님이 공부하라고 이야기할 필요가 없어질 수도 있다.

그런데 사실 이 작품은 그냥 단순한 작품이 아니다. 작품이면서 동시에 놀이기구다. 연필은 아주 높은 미끄럼틀이고, 지우개에는 여러 개의 정글짐이 붙어 있다.

4단계 스스로 써 봐요

나의 생각 지도

나의 글

30. 대한민국에서 제일 자유로운 초등학생은?

6주 차 5일

오늘의 주제

대한민국에서 제일 자유로운 초등학생은 누구일까요? 그 학생이 갖춰야 할 조건에는 무엇이 있을까요? 그리고 왜 그렇게 생각하는지 상상해 써 보세요.

1단계 배경 지식을 쌓아요

★ **초등학생들은 방과 후 시간을 무엇을 하며 보낼까?**

다음은 우리 반 학생들에게 "학교가 끝난 뒤에 무엇을 하나요?"라고 물은 질문에 대한 대답입니다.

> 학교 방과 후 수업, 수영, 농구, 운동장에서 친구들과 놀기, 스마트폰 게임,
> 영어 학원, 수학 학원, 피아노 학원, 미술 학원, 논술 학원, 중국어 학원

내 마음대로 할 수 있는 걸 '자유'라고 한다면 아무것도 하지 않고 노는 것만이 자유는 아닐 겁니다. 내 마음대로 영어 공부를 하고 싶어서 영어를 공부하거나 영어 학원에 다닌다면 그건 자유를 제대로 누리고 있는 것일 테니까요. "Freedom is not Free.(자유는 공짜가 아니다.)"라는 말이 있습니다. 자유를 얻기 위해서는 무언가를 해야 합니다. 자유로운 학생 이야기 속에 자유를 얻기 위해 무언가를 하거나 무언가를 할 수 있는 이야기가 포함되면 더 좋은 글이 될 것 같네요!

공부한 날 　월　 　일　

 **선생님의 조언** | 다른 사람에게 구속받지 않고 내 마음대로 무언가를 할 수 있는 상태를 '자유'라고 합니다. 모든 사람은 자유를 원한다고 하죠. 여러분은 자유를 얼마나 누리고 있나요? 어떻게 하면 자유를 누릴 수 있을까요?

2단계　생각을 틔워요

1 학교 수업이 끝난 뒤에 해야 하긴 하지만 하기 싫은 일은 무엇인가요?

서경이의 글
학교 숙제하기, 학원 가기, 학원 숙제하기(영어 단어 외우기, 영어 문제 풀기, 수학 문제 풀기), 일기 쓰기 등이 있다.

나의 글

2 그 일들을 안 하게 되면 기분이 어떨까요?

서경이의 글
자유로울 것 같다. 그리고 시간이 많이 생길 것 같다. 그런데 한편으로는 약간 심심할 것 같기도 하다.

나의 글

3 그 일들을 안 하기 위해서 나는 무엇을 해야 할까요?

서경이의 글
학원을 안 다녀도 될 정도의 실력을 기른다. 또 학원을 안 다녀도 나 스스로 공부할 수 있다고 부모님을 설득한다.

나의 글

30 대한민국에서 제일 자유로운 초등학생은? **137**

3단계 친구의 생각을 살펴봐요

서경이의 생각 지도

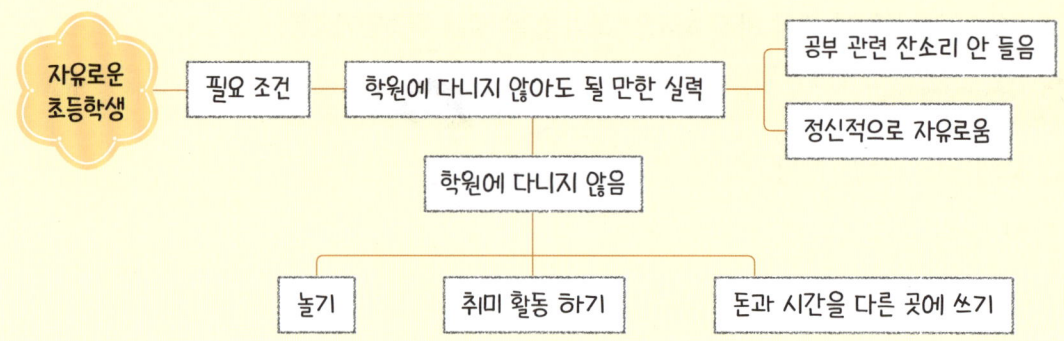

서경이의 글

대한민국에서 제일 자유로운 초등학생은 공부를 잘하면서 학원에 다니지 않는 학생이다. 그렇다고 해서 무작정 학원에 안 다니면 안 된다. 학원에 다니지 않아도 될 만큼 충분한 실력을 갖추고 있어야 한다.

많은 초등학생들이 공부를 잘하기 위해 학원에 다닌다. 그런데 이미 공부를 잘하거나 학원에 갈 필요가 없는 실력을 가지고 있다면 나머지 시간은 놀거나 취미 활동하는 데 사용할 수 있다. 또 학원에 들어가는 시간과 돈도 다른 곳에 자유롭게 사용할 수 있다.

한 가지 더! 이런 학생은 부모님에게 공부와 관련된 잔소리를 들을 일도 없으므로 정신적으로도 자유롭다.

4단계 스스로 써 봐요

나의 생각 지도

나의 글

함께 만들어 봐요

6

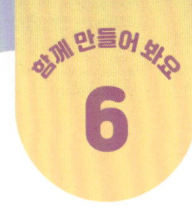

팝아티스트가 되어 익숙한 물건을 커다랗게 만들기

우리가 팝아티스트가 되었다고 생각해 볼까요? 지금부터 설명하는 3단계 생각법에 따라 익숙한 물건을 커다랗게 그려 봅시다.

- **하나, 우리 주변에 있는 익숙한 물건을 떠올려 보세요. 이때 떠올린 물건은 크기가 작은 물건이어야 합니다.**
- **둘, 물건의 크기를 엄청나게 키워 보세요. "이 물건이 이렇게 커진다고?"라는 생각이 들 정도로 마음껏 키워 보세요.**
- **셋, 물건을 그려 보세요. 물건이 얼마나 큰지 알 수 있도록 사람을 함께 그려 보세요.**

7장

31	7주 차 1일	경제	50년 뒤에는 어떤 돈을 사용할까?
32	7주 차 2일	과학	바다거북이 쓰레기를 먹게 된 까닭은?
33	7주 차 3일	사회	호랑이 티셔츠가 한정판으로 나왔다면 살 건가요?
34	7주 차 4일	예술	친구의 얼굴을 앞, 뒤, 옆, 위, 아래에서 관찰한다면?
35	7주 차 5일	철학	우리 아빠나 엄마가 우리 반 선생님이라면?

7주 차 1일

31 50년 뒤에는 어떤 돈을 사용할까?

오늘의 주제

사실 돈은 종이일 뿐입니다. 사람들이 이렇게 생긴 종이를 '돈'이라고 약속했기 때문에 어떤 건 1,000원이 되고, 어떤 건 50,000원이 된 것입니다. 미래에 사용하게 될 돈은 종이가 아닐 수도 있습니다. 50년 뒤에는 어떤 걸 돈이라고 부를까요? 동전이나 지폐가 아닌 다른 돈을 사용하는 미래의 돈 이야기를 상상하여 써 보세요.

1단계 배경 지식을 쌓아요

✿ 우리나라의 돈은 어떻게 변해왔을까?

- 고조선 시대의 돈 : 곡식 또는 옷감
- 삼국 시대의 돈 : 쌀 또는 베나 무명(포목)
- 고려 시대의 돈 : 동전(건원중보), 금편이나 은편, 쌀 또는 베나 무명(포목)
- 조선 시대의 돈 : 동전(상평통보), 쌀 또는 베나 무명(포목)
- 대한 제국의 돈 : 동전(원)
- 대한민국의 돈 : 동전 및 지폐(원)

✿ 백 원이 지폐였다고?

1950년, 한국은행이 처음으로 만들어 낸 100원은 지폐였습니다. 그로부터 2년 뒤에 만들어진 500원도 지폐였고요. 동전은 1966년에 처음으로 만들어졌습니다. 당시 단위는 1원, 5원이었습니다.

공부한 날 ◯월 ◯일

선생님의 조언 | 화폐는 상품을 교환할 때 사용하는 도구입니다. 우리가 돈이라고 부르는 동전과 지폐가 화폐입니다. 선생님은 화폐를 하나의 발명품이라고 생각해요. 물물 교환의 단점을 보완하기 위해 만든 발명품이라고 말이죠.

2단계 생각을 틔워요

1 동전, 지폐를 사용할 때 어떤 점이 불편했나요?

연우의 글
가지고 다녀야 하는 게 불편했다. 특히 동전은 지폐에 비해 값어치가 적은데 무거워서 불편하다. 그리고 어디서 온 것인지 알 수 없어 지저분하다는 생각이 든다.

나의 글

2 동전, 지폐가 아닌 미래의 돈은 어떤 모양일까요?

연우의 글
모양이 없을 것 같다. 가상의 계좌로 주고받게 되기 때문에 숫자만 있고 만질 수 있는 실체는 없을 것 같다.

나의 글

3 미래의 돈은 어디에 보관하고 어떻게 주고받게 될까요?

연우의 글
지금처럼 은행에 보관할 것 같다. 하지만 주고받는 방식은 변할 것 같다. 아마도 미래에는 홍채 인식 서비스로 돈을 보내고 받는 방법으로 변할 것 같다.

나의 글

31 50년 뒤에는 어떤 돈을 사용할까? **143**

3단계 친구의 생각을 살펴봐요

연우의 생각 지도

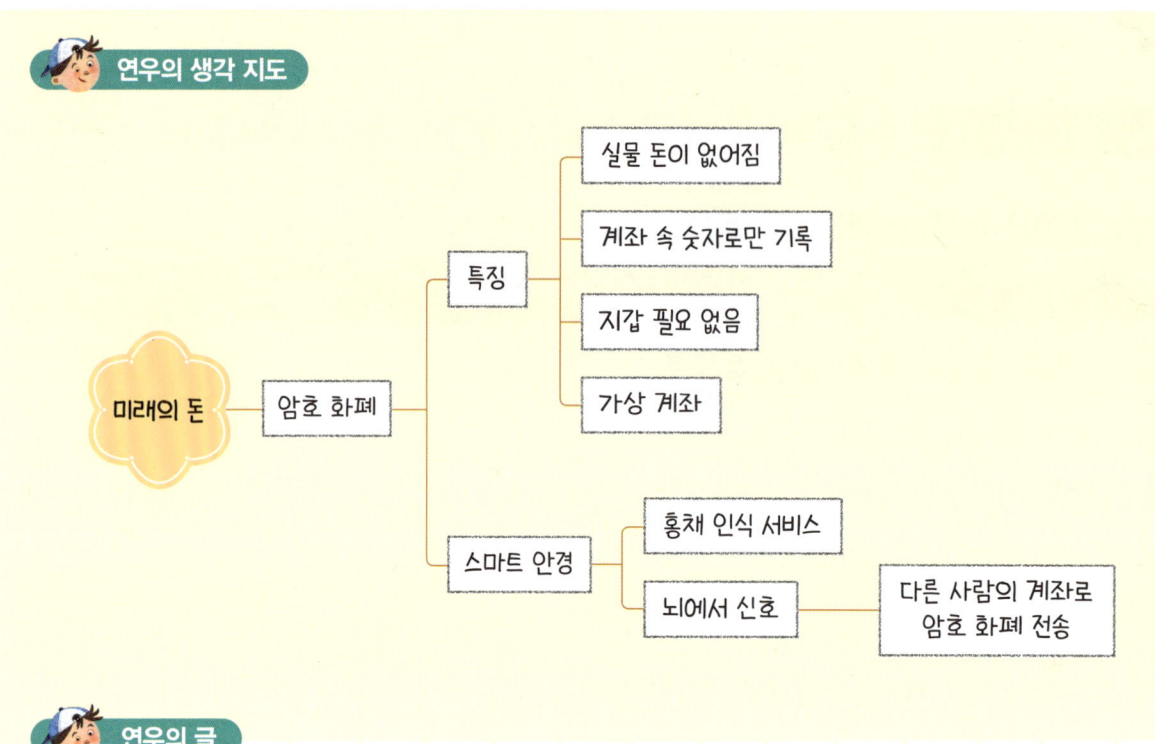

연우의 글

앞으로 50년쯤 뒤에는 전 세계 사람들이 동전이나 지폐 대신 암호 화폐를 사용하게 될 것이다. 암호 화폐는 동전, 지폐가 아니기 때문에 지갑도 필요 없다. 실물 돈은 없어지고 모두 다 개인 계좌 속의 숫자로만 기록되게 되니까 지갑이 있을 필요가 없다.

스마트 안경만 있으면 인터넷상에 있는 가상의 계좌에서 암호 화폐를 넣고 뺄 수 있다. 이것도 모두 다 홍채 인식 서비스로 할 수 있다. 예전처럼 비밀번호를 입력하거나 지문 인식을 할 필요도 없다. 스마트 안경과 사람의 뇌가 연결되어 있어, 생각하고 신호를 주면 다른 사람의 계좌로 암호 화폐를 보내줄 수 있다.

정말 50년 뒤에는 어떤 돈을 사용하게 될지 궁금하다.

4단계 스스로 써 봐요

나의 생각 지도

나의 글

7주 차 2일

32 바다거북이 쓰레기를 먹게 된 까닭은?

오늘의 주제

100년 이상 산다고 알려진 바다거북. 그런데 요즘 바다 위에서 바다거북의 사체들이 자주 발견된다고 합니다. 바다거북이 죽은 이유를 알기 위해 부검해 봤더니 뱃속에서 쓰레기들이 가득 나왔다고 합니다. 바다거북이 쓰레기를 먹게 된 이야기를 상상해 써 보세요.

1단계 | 배경 지식을 쌓아요

✸ **이 단어의 뜻이 궁금하다고요?**
- 사체 : 사람 또는 동물의 죽은 몸
- 부검 : 죽음의 원인을 찾기 위해 검사하는 것

✸ **11일 만에 죽어 버린 새끼 바다거북 이야기**

여수 아쿠아플라넷에 살던 새끼 바다거북이 넓은 바다로 떠난 지 11일 만에 죽은 채로 발견되었습니다. 100년 이상 산다고 알려진 바다거북은 어떤 이유로 11일 만에 죽게 된 걸까요? 바다거북이 죽은 이유는 쓰레기였다고 합니다.

✸ **바다거북의 뱃속에는 어떤 쓰레기들이 있었을까?**

플라스틱 조각, 고무, 비닐봉지, 풍선, 사탕 껍질…… 해양 생물학자들이 바다거북을 부검하며 발견한 쓰레기의 종류입니다. 이런 쓰레기들이 바다로 가는 걸 막기 위해 나는 어떤 노력을 할 수 있을까요?

공부한 날 　월　 　일

 **선생님의 조언** | 바다는 지구 전체 면적의 4분의 3을 차지하고 있습니다. 해양 생태계는 지구에서 가장 큰 생태계입니다. 해양 환경 속에서 살아가는 모든 생물이 해양 생태계의 구성원입니다.

2단계　생각을 틔워요

1 바다거북이 쓰레기를 먹게 된 첫 번째 이유는 무엇일까요?

지아의 글
바다에서 떠다니는 게 쓰레기인 줄 모르고 먹었다. 비닐봉지를 해파리로 착각해서 먹어 버린 것이다.

나의 글

2 바다거북이 쓰레기를 먹게 된 두 번째 이유는 무엇일까요?

지아의 글
바닷물 온도가 올라가면서 바다거북이 먹을 만한 해양 생물들이 모두 없어져 버렸기 때문에 배가 고픈 바다거북은 쓰레기를 먹을 수밖에 없었다.

나의 글

3 쓰레기를 먹는 다른 해양 생물들은 없을까요?

지아의 글
바다거북이 쓰레기를 먹는다면 고래나 돌고래 같은 해양 생물들도 쓰레기를 먹을 것 같다. 그리고 바닷새들도 바다 위에 떠다니는 쓰레기를 먹을 것 같다.

나의 글

3단계 친구의 생각을 살펴봐요

지아의 생각 지도

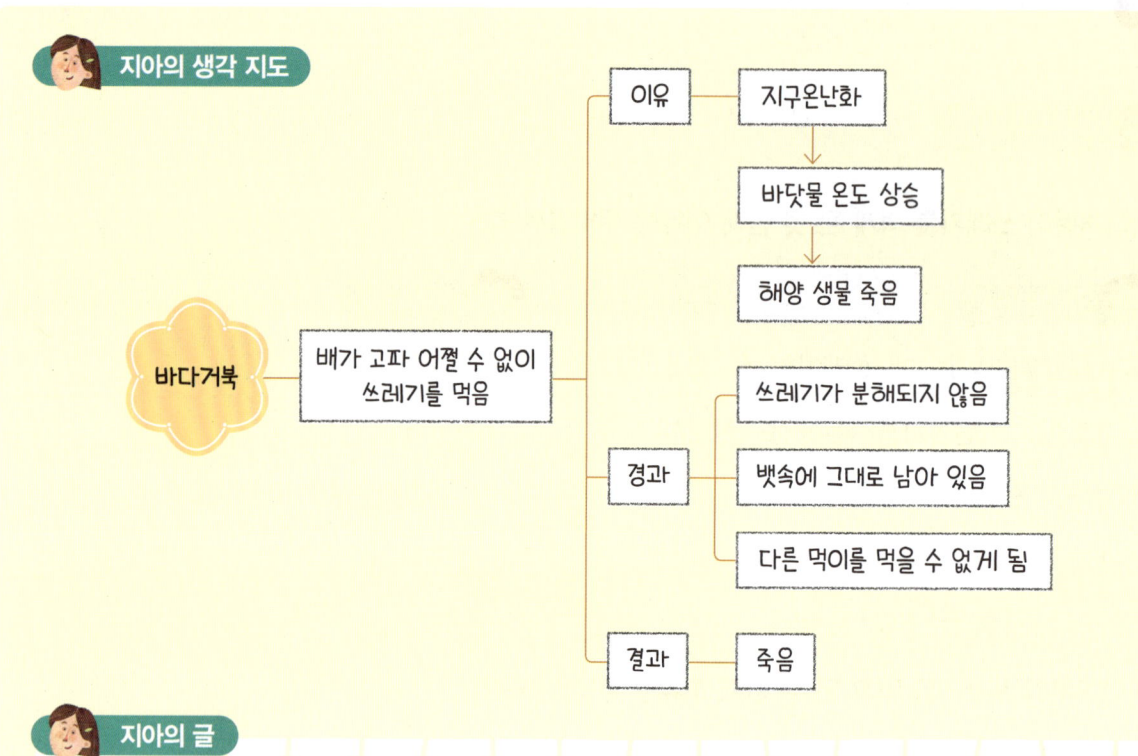

지아의 글

바다거북은 왜 쓰레기를 먹게 된 걸까?

여기에는 이유가 있다. 지구온난화로 인해 바닷물 온도가 올라가면서 바다거북이 먹을 만한 해양 생물들이 모두 없어져 버렸기 때문이다. 바다거북이 마음껏 먹을 수 있는 건 바닷물밖에 없었다. 너무 배가 고팠던 바다거북은 쓰레기인 줄 알고 있었지만 먹을 게 너무 없어 울며 겨자 먹기로 쓰레기를 먹은 것이다.

바다거북은 쓰레기가 맛이 없었지만, 배를 채울 목적으로 먹었다. 그런데 쓰레기는 음식과 달라서 뱃속에서 분해되지 않았다. 플라스틱이나 비닐봉지 같은 건 썩지 않기 때문에 바다거북의 뱃속에 그대로 남아 있게 되었다. 결국 뱃속에 쓰레기가 가득 찬 바다거북은 다른 먹이를 먹을 수 없게 되어 슬픈 죽음을 맞이하게 되었다.

4단계 스스로 써 봐요

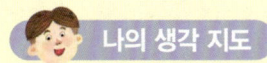

나의 생각 지도

나의 글

7주 차 3일

33 호랑이 티셔츠가 한정판으로 나왔다면 사실 건가요?

오늘의 주제

나는 올해 새로 나온 호랑이 티셔츠를 판매하는 '쇼핑호스트'입니다. 방송을 보는 사람들이 "어머, 이건 사야 해!"라는 생각이 들도록 홈쇼핑 대본을 써 보세요.

1단계 배경 지식을 쌓아요

✿ 소비자의 마음을 꿰뚫는 쇼핑호스트!

TV 채널을 돌리다 홈쇼핑 방송을 본 적이 있죠? 스마트폰을 넘기다 '라이브커머스'라는 단어를 본 적도 있을 겁니다. 이렇게 상품을 판매하는 프로그램에 출연하여 그 상품을 설명해 주는 역할을 하는 사람이 '쇼핑호스트'입니다. 쇼핑호스트에게는 어떤 능력이 필요할까요? 먼저 상품의 특성을 잘 이해해야 합니다. 그리고 이 상품이 지닌 장점을 사람들이 이해하기 쉽게 설명해 줄 수 있어야 합니다. 당연히 발성과 발음도 좋아야 하고요. 또한 소비자들의 마음에 공감해 줄 수 있는 공감 능력도 필요합니다.

미래에도 사람들 사이에서 물건을 판매하고 구매하는 일은 계속될 겁니다. 그렇다면 활동하는 장소나 방법은 바뀌더라도 쇼핑호스트라는 직업은 앞으로도 계속 필요하지 않을까요? 오늘 글쓰기를 해 보면서 쇼핑호스트라는 직업이 어떤 일을 하는지, 나에게 잘 맞는 일인지를 생각해 보길 바랍니다. 관심 있는 친구들은 쇼핑호스트라는 직업에 대해 조금 더 공부해 봐도 좋을 것 같네요.

공부한 날   월   일

선생님의 조언 | '쇼핑호스트(shopping host)'는 '쇼호스트'라고도 불립니다. 홈쇼핑 방송이나 온라인 방송의 상품 판매 프로그램에서 직접 상품을 먹어 보거나 사용해 보면서 소개하는 역할을 하는 진행자를 말합니다.

2단계 ▶ 생각을 틔워요

1 TV나 인터넷에서 쇼핑호스트가 상품을 판매하는 것을 보며 어떤 생각을 했나요?

> **소연이의 글**
> 말을 조리 있게 잘한다고 생각했다. 살 생각이 없던 물건도 쇼핑호스트의 이야기를 들으면 사고 싶다는 생각이 들었다.

> **나의 글**

2 내가 판매할 호랑이 티셔츠의 장점을 상상하여 써 볼까요?

> **소연이의 글**
> 입었을 때 편하다. 촉감이 좋고 부드럽다. 디자인이 남녀노소에게 잘 어울린다. 예전에 판매했을 때 짧은 시간에 다 팔렸다. 고객 후기가 좋다.

> **나의 글**

3 "어머, 이건 사야 해!"라는 생각이 들게 하려면 어떻게 해야 할까요?

> **소연이의 글**
> 티셔츠의 품질과 디자인이 좋다는 것을 말한다. 오늘만 특별히 이 가격에 판다는 것을 말한다. 오늘이 아니면 이 티셔츠를 살 수 없다고 말한다.

> **나의 글**

33 호랑이 티셔츠가 한정판으로 나왔다면 사실 건가요?

3단계 친구의 생각을 살펴봐요

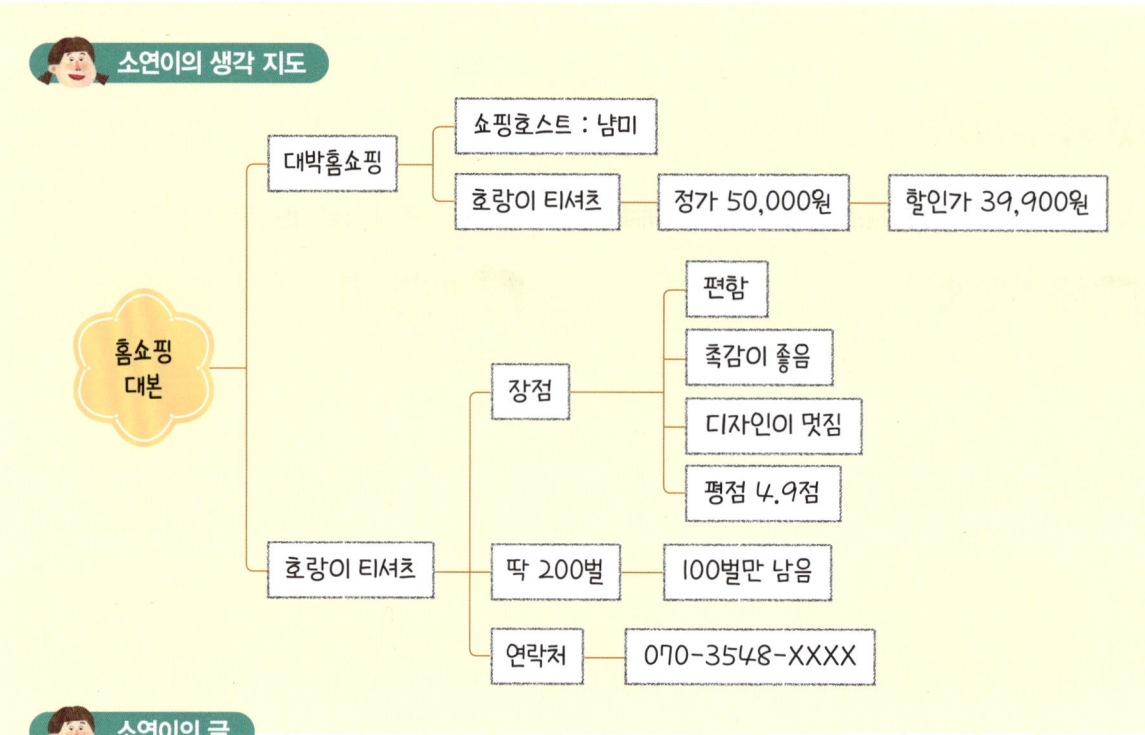

소연이의 생각 지도

소연이의 글

안녕하세요, 대박홈쇼핑의 쇼핑호스트 냠미입니다. 이번 여름을 맞이해 새롭게 출시되는 호랑이 티셔츠를 소개합니다. 원래 이 티셔츠의 가격은 한 벌당 50,000원인데 오늘 방송 중에 구매하시는 분들에게만 특별히 39,900원이라는 가격으로 판매하고 있습니다.

이 제품과 비슷한 재질의 제품이 작년에 출시되었었는데 그때 굉장히 인기가 많아 완판되었습니다. 입어 보신 분들께서 편하고, 촉감이 좋고, 디자인도 멋지다고 칭찬을 많이 해주셨습니다. 고객분들의 평점이 4.9점이니 엄청 높은 편이죠?

오늘은 딱 200벌만 준비했습니다. 벌써 100벌이 주문 완료되었다고 하네요. 이제 100벌밖에 남지 않았습니다. 서두르세요! 070-3548-XXXX로 지금 바로 전화 주세요. 이 쇼핑호스트 냠미의 선택을 믿어 보세요. 절대 후회하지 않으실 겁니다.

4단계 스스로 써 봐요

나의 생각 지도

나의 글

34 친구의 얼굴을 앞, 뒤, 옆, 위, 아래에서 관찰한다면?

오늘의 주제

가족이나 친구 중에 한 사람을 선택하세요. 그 사람의 얼굴을 앞에서, 옆에서, 뒤에서, 위에서, 아래에서 관찰해 보세요. 그다음 관찰한 내용을 글로 설명해 보세요. 위에서 시작해서 아래로 내려가며 보이는 모습을 설명하면 더 쉬울 거예요!

1단계 배경 지식을 쌓아요

✪ 큐비즘의 대표 화가, 피카소!

누구나 한 번쯤 이름을 들어 본 세계적인 거장 피카소. 피카소는 대표적인 큐비즘 작가입니다. 큐비즘은 내가 보고 있는 하나의 대상을 앞에서, 옆에서, 뒤에서, 위에서 바라본 다음 이 다양한 모습을 하나의 평면에 표현하는 방법입니다. 그래서 큐비즘 작품들을 보면 얼굴 옆에 등이 있고, 눈 옆에 입이 있는 이해하기 어려운 작품들이 많습니다.

✪ 사람의 외모를 설명할 때 사용할 수 있는 단어

한 사람을 골라 관찰했지만 어떤 단어를 사용해 설명해야 할지 막막하다고요? 그럴 땐 다음 단어들을 참고하세요.

> 하얗다, 노랗다, 빨갛다, 검다, 얇다, 두껍다, 가늘다, 진하다, 연하다, 동그랗다
> 오뚝하다, 뭉툭하다, 또렷하다, 도톰하다, 뾰족하다, 크다, 작다, 길다, 짧다, 많다, 적다, 높다, 낮다

공부한 날   월   일

선생님의 조언 | '큐비즘'은 여러 방향에서 본 장면을 정육면체 등을 이용하여 하나의 화면에 표현하려는 미술 운동을 말합니다. 정육면체를 영어로 '큐브(Cube)'라고 하죠? 큐비즘은 여기서 유래된 단어입니다.

2단계 생각을 틔워요

1 어떤 사람을 관찰하는 게 좋을까요?

지아의 글

내가 관찰하고 싶은 사람을 보는 게 제일 좋겠지만 그 사람이 싫다고 말할 가능성도 있다. 자신을 관찰해도 좋다고 말하는 친구를 관찰하는 게 좋을 것 같다.

나의 글

2 사람의 얼굴을 위에서 보면 어떻게 보일까요?

지아의 글

가장 먼저 머리카락이 보일 것이다. 만약 코가 오뚝하다면 콧대도 보일 것 같다. 반대로 코가 낮은 사람이라면 코끝만 살짝 보이지 않을까?

나의 글

3 사람의 얼굴을 잘 관찰하기 위해서는 어떤 도구가 필요할까요?

지아의 글

돋보기가 있다면 사람의 얼굴을 자세히 관찰할 수 있을 것 같다. 그리고 의자가 있다면 사람의 얼굴을 위에서 관찰할 때 편할 것 같다.

나의 글

34 친구의 얼굴을 앞, 뒤, 옆, 위, 아래에서 관찰한다면?   155

3단계 친구의 생각을 살펴봐요

  지아의 생각 지도

  지아의 글

내가 관찰한 사람은 우리 모둠의 지원이다. 지원이 얼굴을 관찰한 내용은 이렇다.

먼저 앞에서 관찰한 지원이는 얼굴이 하얗고 동그랗다. 눈이 크고 눈썹이 길다. 콧대가 높고 입술이 빨갛다. 입술 선은 또렷하다.

옆에서 본 지원이는 코가 조각상처럼 오뚝하다. 입술이 도톰하다.

뒤에서 본 지원이는 머리카락이 길어 귀를 살짝 덮고 있다.

지원이를 위에서 보면 거의 머리카락밖에 안 보이는데 계속 보다 보면 코가 조금 보인다.

아래에서 본 지원이는 턱이 뾰족하고 콧구멍이 살짝 보인다.

그동안 지원이를 볼 때 항상 앞에서만 봤는데, 옆에서, 뒤에서, 위에서, 아래에서 보니 지원이가 조금 달라 보인다. 지원이가 얼굴 관찰을 허락해 줘서 고맙다.

4단계 스스로 써 봐요

나의 생각 지도

나의 글

7주 차 5일

35 우리 아빠나 엄마가 우리 반 선생님이라면?

오늘의 주제

우리 아빠나 엄마가 우리 반 선생님이라면 우리 반 분위기는 어떨까요? 엄격할까요? 자유로울까요? 수학 시간에는? 체육 시간에는? 숙제 검사는 어떻게 할까요?

1단계 배경 지식을 쌓아요

☆ **부모님이 선생님이 되었다고? 학부모 일일 명예 교사**

어린이집이나 유치원, 학교에서 스승의 날에 가끔 하는 행사 중에 '일일 명예 교사'라는 게 있습니다. 학부모님이 하루 동안 선생님이 되어 보는 행사죠. 상상해 보세요. 우리 부모님께서 우리 반에 들어오셔서 우리 반 선생님이 앉아 계시던 책상에 앉아 계시는 모습을. 분필을 들고 "자, 1교시 국어입니다. 국어책 펴세요."라고 이야기하시는 모습을. 집에서 보던 아빠, 엄마의 모습과 학교에서 선생님으로 만나는 아빠, 엄마의 모습은 어떤 게 같고, 어떤 게 다를까요? 일단, 오늘 글쓰기를 잘하기 위해서 다음과 같은 내용을 생각해 보세요.

- 부모님이 자주 하시는 말씀
- 부모님의 성격
- 부모님이 좋아하시는 것
- 부모님의 습관
- 부모님이 중요하게 여기시는 것
- 부모님이 싫어하시는 것

공부한 날 　월 　일

 **선생님의 조언** | '선생님'은 누군가에게 무언가를 가르쳐 주는 사람을 말합니다. 나를 주로 가르쳐 주는 사람은 누구인가요? 부모님이라고요? 그렇다면 나의 부모님도 선생님이라고 부를 수 있는 게 아닐까요?

2단계 생각을 틔워요

1 나의 부모님이 자주 하시는 말씀은 무엇인가요?

연화의 글	나의 글
바른 자세로 앉아라. 시간을 소중하게 사용해라. 제발 책 좀 읽어라. 편식하지 마라. 일찍 자고 일찍 일어나라. 자기 전에 꼭 양치질해라.	

2 나의 부모님께서 우리 반 선생님이 되었을 때 좋은 점은 무엇인가요?

연화의 글	나의 글
천천히 하나하나 자세하게 설명해 주시는 점이 좋을 것 같다. 어려워하는 내용이 있어도 화내지 않고 처음부터 설명해 주셔서 이해가 잘 될 것 같다.	

3 나의 부모님께서 우리 반 선생님이 되었을 때 싫은 점은 무엇인가요?

연화의 글	나의 글
너무 꼼꼼하셔서 싫을 것 같다. 하나부터 열까지 다 확인하셔야 하는 성격이어서 우리 반 생활이 엄청 피곤해질 것 같다. 또 청소 상태도 꼼꼼하게 보실 것 같다.	

3단계 친구의 생각을 살펴봐요

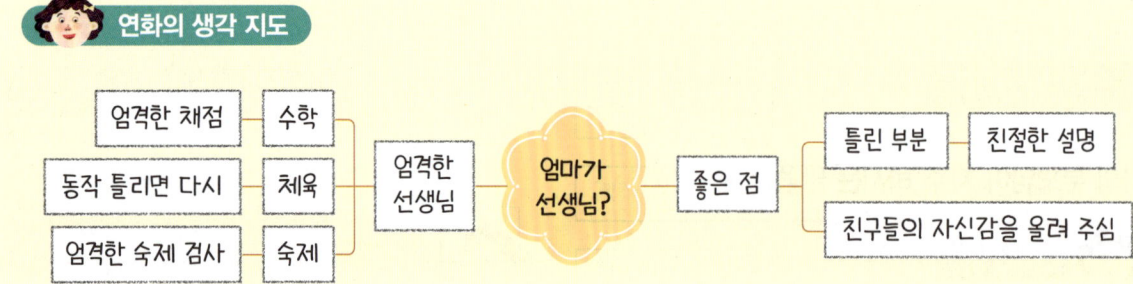

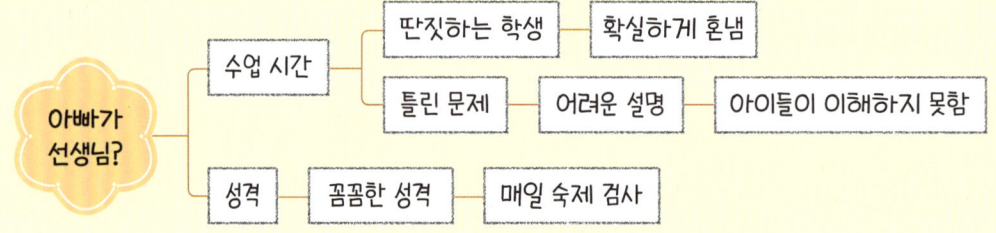

연화의 글

우리 엄마가 우리 반 선생님이라면 엄격하실 것 같다. 수학 시간에는 엄격하게 채점하실 것 같고, 체육 시간에는 동작 하나라도 틀리면 다시 해야 할 것 같다. 숙제 검사도 엄격하게 하실 것 같다. 물론 좋은 점도 있을 것 같다. 틀린 부분이 있으면 친절하게 잘못된 부분을 알려 주시고, 친구들의 자신감을 올려 주기 위해 노력하실 것 같다.

민정이의 글

우리 아빠가 선생님이라면 수업 시간에 딴짓하는 아이를 확실하게 혼내실 것 같다. 그리고 틀린 문제가 있으면 설명을 해 주시긴 하겠지만 어렵게 설명하셔서 이해하지 못하는 아이들이 있을 것 같다. 특히 아빠는 꼼꼼한 성격이라 매일 숙제 검사를 하실 것 같다.

4단계 스스로 써 봐요

나의 생각 지도

나의 글

함께 만들어 봐요 7

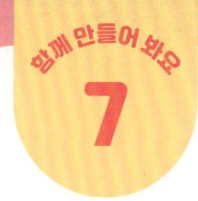

호랑이 티셔츠 홈쇼핑 화면 그리기

홈쇼핑에서는 소비자를 설득하기 위해 두 가지 방법을 사용합니다. 첫째로, 귀에 대본의 내용을 들려줍니다. 여러분이 썼던 바로 그 대본 말입니다. 둘째로, 눈에 홈쇼핑 화면을 보여줍니다. 관심을 끄는 화면을 보여주어 '어머, 이 물건은 꼭 사야 해!'라는 마음이 들게 하죠.
앞에서 '쇼핑호스트'가 되었다고 상상하며 홈쇼핑 대본을 써봤죠? 이제 홈쇼핑 화면을 만들어 볼 차례입니다.

예시

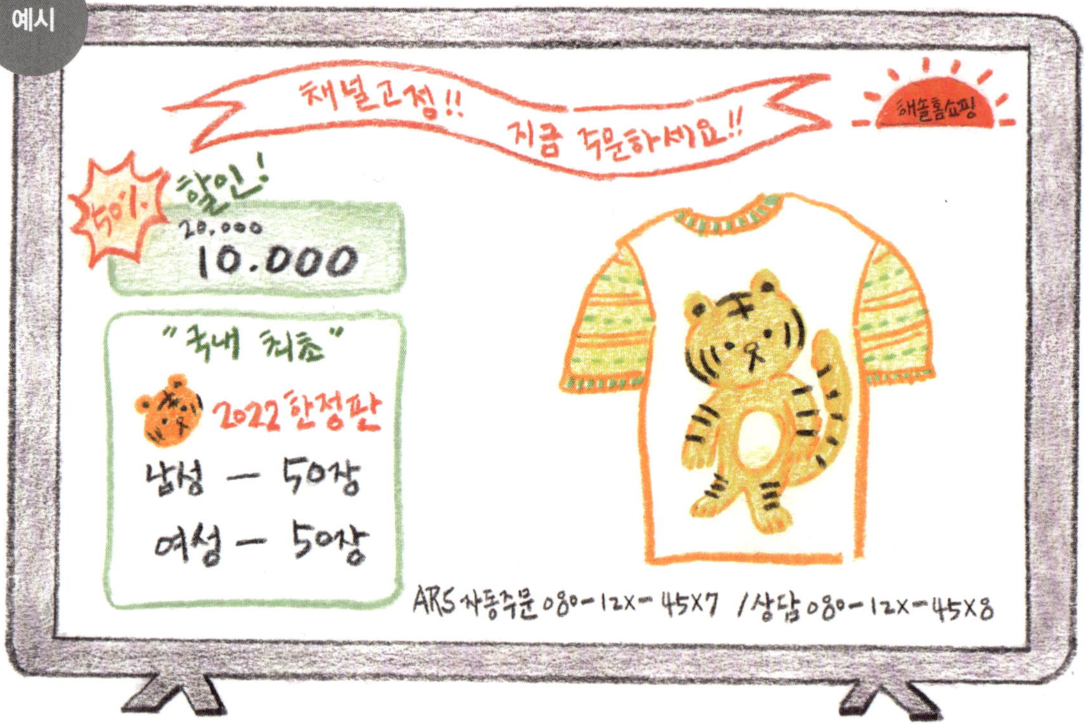

8장

36	8주 차 1일	경제	내가 얼마나 알뜰한 사람인지 아니?
37	8주 차 2일	과학	초등학생들이 자동차를 갖게 된다면?
38	8주 차 3일	사회	내가 올해 가장 많이 사용한 두 단어는?
39	8주 차 4일	예술	미끌미끌한 낙지 놀이터에는 어떤 놀이기구가?
40	8주 차 5일	철학	우리 반 선생님 집에는 어떤 물건들이 있을까?

8주 차 1일
36 내가 얼마나 알뜰한 사람인지 아니?

오늘의 주제

'알뜰하다'라는 형용사의 뜻을 알고 있나요? 돈이나 자원을 함부로 사용하지 않고 아껴서 사용하는 사람을 가리켜 알뜰한 사람이라고 말합니다. 내가 우리 학교 최고의 '알뜰왕', '절약왕'이라고 상상해 보세요. 내가 얼마나 알뜰한 학생인지 친구들에게 나의 '절약 이야기'를 들려주세요.

1단계 배경 지식을 쌓아요

✪ 정약용도 절약을 중요하게 여겼다!

조선 시대의 학자인 다산 정약용의 이름을 들어 본 적 있나요? 그는 《목민심서》, 《경세유표》, 《여유당전서》 등의 책을 남겼습니다. 그는 자신의 책 《목민심서》에서 관직에 있는 사람들이 지켜야 하는 임무로 '절약'을 강조했습니다. 정약용은 왜 고을을 다스리는 수령들이 절약해야 한다고 이야기했을까요? 요즘으로 치자면 구청장, 시장, 도지사와 같은 사람들이 절약해야 하는 이유는 무엇일까요?

✪ 초등학생들이 실천할 수 있는 여러 가지 절약 방법

- 손 씻을 때 물 절약하기
- 방을 나갈 때 전등 끄기
- 음식 남기지 않기
- 학용품 절약하기
- 사용하지 않는 플러그 뽑기
- 이면지 활용하여 문제 풀기

공부한 날 ( ) 월 ( ) 일

 **선생님의 조언** | 알뜰함은 습관입니다. 어렸을 때부터 절약하는 습관을 길러 두면 어른이 되어서도 절약하는 생활을 할 수 있다고 합니다. 여러분이 아껴 사용하고 있는 것은 무엇인가요?

2단계 생각을 틔워요

1 내 주변에서 가장 절약하는 사람은 누구인가요? 그렇게 생각하는 이유는 무엇인가요?

지현이의 글
나의 부모님. 항상 절약이 중요하다고 말씀하시기 때문이다. 실제로도 꼭 필요하지 않은 물건은 사지 않으시고, 거의 모든 물건을 아껴서 사용하신다.

나의 글

2 내가 실천하고 있는 절약에는 어떤 것이 있나요?

지현이의 글
대부분 학용품을 절약하는 것이다. 노트를 아껴 쓰거나 필기도구를 잃어버리지 않고 오래 쓰는 것이다. 사실 잃어버리지만 않아도 절약하는 게 아닐까?

나의 글

3 내가 실천하고 싶은 절약에는 어떤 것이 있나요?

지현이의 글
음식 남기지 않기. 점심시간에 급식을 남기는 때가 많다. 먹기 싫은 음식이 하루에 하나씩은 꼭 끼어 있기 때문인데 앞으로는 가능하면 먹어 보려고 한다.

나의 글

3단계 친구의 생각을 살펴봐요

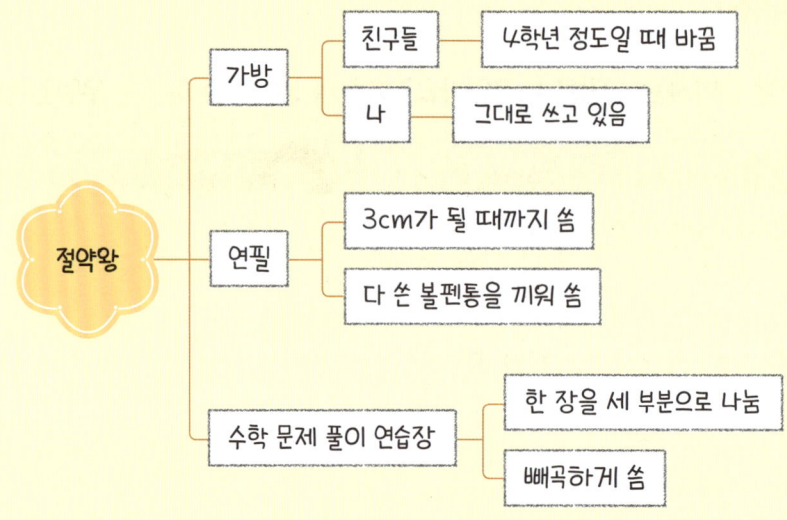

지현이의 글

나는 우리 OO초등학교 최고의 절약왕이다. 나의 절약 이야기를 살짝 들려주려고 한다.

우선 6학년인 내가 쓰고 있는 가방은 초등학교에 입학할 때 산 것이다. 친구들은 대부분 4학년 정도일 때 가방을 한 번씩 바꿨는데 나는 그대로 쓰고 있다.

두 번째는 연필이다. 나는 연필 길이가 3cm 이하가 되기 전에는 절대 버리지 않는다. 쓰기 힘들면 다 쓴 볼펜통을 끼워 쓴다. 이건 어렸을 때 할아버지가 가르쳐 주신 방법인데 유용하게 사용하고 있다.

세 번째는 수학 문제 풀이 연습장이다. 한 장을 마음대로 쓰면 은근히 비어 있는 부분이 많이 생긴다. 그래서 연습장 한 장을 세 부분으로 나눠서 빼곡하게 쓰려고 노력한다. 이 방법을 사용하면 1년 동안 연습장 한 권만 있어도 매우 많은 수학 문제들을 풀 수 있다.

4단계 스스로 써 봐요

나의 생각 지도

나의 글

37 초등학생들이 자동차를 갖게 된다면?

오늘의 주제

만약 '완전 자율 주행차' 시대가 되어 초등학생들도 자동차를 가질 수 있다고 한다면 여러분은 그에 대해 찬성인가요? 아니면 반대인가요? 여러분의 생각을 써 보세요.

1단계 배경 지식을 쌓아요

✿ **완전 자율 주행차의 시대가 된다면?**

자동차를 운전하지 않아도 알아서 움직인다면 운전대가 필요할까요? 운전할 필요가 없는데 앉아서 갈 필요가 있을까요? 완전 자율 주행차의 시대가 온다면 자동차 내부는 지금은 상상할 수 없는 방식으로 바뀔 가능성이 큽니다.

✿ **왜 초등학생은 운전면허를 딸 수 없을까?**

우리나라에서는 운전면허를 딸 수 있는 나이를 만 18세 이상으로 정해뒀습니다. 그 이유는 무엇일까요? 운전에 필요한 다음 조건을 살펴보면 초등학생이 운전하는 게 어려운 이유를 이해할 수 있을 겁니다.

- 자동차들의 움직임을 읽을 수 있는 판단 능력
- 갑작스러운 위기 상황을 마주했을 때 문제를 해결하는 능력
- 운전대와 브레이크를 자유롭게 사용할 수 있는 팔과 다리의 길이

공부한 날　월　일

 **선생님의 조언** | '자율 주행 자동차'는 운전자가 운전하지 않아도 자동차가 알아서 스스로 움직이는 차입니다. 전문가들의 이야기에 따르면 2025년쯤에는 완전 자율 주행차의 시대가 된다고 합니다.

2단계 생각을 틔워요

1 초등학생들이 완전 자율 주행 자동차를 가지게 되면 어떤 점이 좋을까요?

진우의 글
만약 가고 싶은 곳이 있다면 자동차를 이용해 어디든지 갈 수 있다. 학교나 학원이 먼 학생들은 편하게 이동할 수 있다. 이동하는 시간에 잠을 잘 수도 있다.

나의 글

2 초등학생들이 완전 자율 주행 자동차를 가졌을 때 어떤 문제가 생길 것 같나요?

진우의 글
돈이 많은 친구들만 자동차를 가지게 된다. 대부분의 학생은 그런 친구를 부러워할 것이다. 또 걸어가도 될 거리를 자동차를 타고 다녀 자원이 낭비될 것이다.

나의 글

3 나의 가장 친한 친구에게 완전 자율 주행 자동차가 있을 때 일어날 것 같은 일은 무엇인가요?

진우의 글
학교나 학원에 갈 때 자기 차를 타고 같이 가자고 말할 것 같다. 또 토요일이나 일요일에 자동차를 타고 같이 놀러가자고 말할 것 같다.

나의 글

3단계 친구의 생각을 살펴봐요

진우의 생각 지도

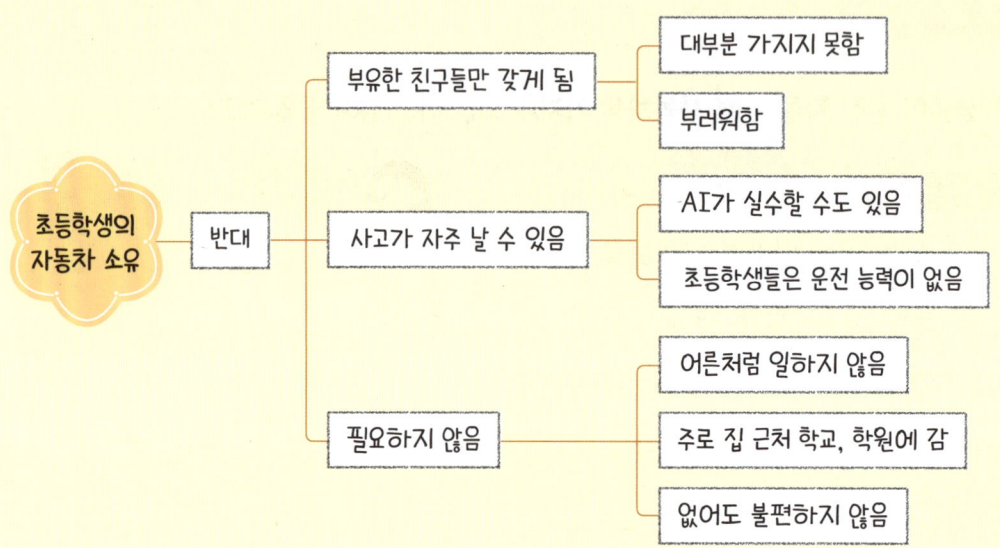

진우의 글

초등학생들도 자동차를 가질 수 있는 시대가 온다고 하니 정말 놀랍다. 그런데 나는 다음과 같은 세 가지 이유로 초등학생들이 자동차를 가지는 것에 반대한다.

하나, 경제적으로 부유한 친구들만 자동차를 가지게 될 것이다. 따라서 자동차를 가진 학생들은 몇 명 되지 않을 것이고, 대부분의 학생이 그런 친구들을 부러워할 것이다.

둘, 사고가 자주 날 수 있다. 물론 AI로 알아서 운전하겠지만 AI도 실수할 때가 있을지도 모른다. 그러므로 운전 능력이 없는 초등학생들이 운전하게 되면 위기 상황을 마주했을 때 실수할 가능성이 크다.

셋, 초등학생들에게 자동차가 필요하지 않다. 초등학생들은 일을 하는 것도 아니고, 집과 가까운 학교나 학원을 주로 가기 때문에 자동차가 없어도 크게 불편하지 않다.

4단계   스스로 써 봐요

나의 생각 지도

나의 글

38 내가 올해 가장 많이 사용한 두 단어는?

8주 차 3일

오늘의 주제

우리 가족이나 친구들 사이에서 가장 많이 사용된 올해의 단어 두 가지를 뽑아 보세요. 그 단어들을 뽑은 이유와 두 가지 단어를 어떤 상황에서 사용할 수 있는지 설명해 보세요.

1단계 배경 지식을 쌓아요

★ 그동안 '올해의 단어'에는 어떤 단어들이 선정되었을까?

미국의 유명한 사전 출판사인 '메리엄 웹스터(Merriam Webster)'에서는 매년 12월이 되면 올해의 단어를 공개합니다. 다음은 그동안 선정되었던 올해의 단어 목록입니다.

- 2021년 올해의 단어 : 백신(Vaccine)
- 2020년 올해의 단어 : 팬데믹(Pandemic)
- 2017년 올해의 단어 : 가짜 뉴스(Fake news)
- 2012년 올해의 단어 : 해시태그(Hashtag)
- 2010년 올해의 단어 : 어플리케이션(app)

21년에 '백신', 20년에 '팬데믹'이라는 단어가 뽑힌 이유를 생각해 보세요. 그리고 올해는 어떤 단어가 선정될지 예상해 보세요.

공부한 날   월   일

 **선생님의 조언** | 한 해 동안 사람들 사이에서 가장 많이 이야기된 단어나 문구를 '올해의 단어(Word of the Year)'라고 부릅니다. 출판사나 언론사에서 올해의 단어를 뽑는 이유는 무엇일까요?

2단계 생각을 틔워요

1 우리 가족과 대화할 때 가장 많이 나오는 단어와 그 단어가 자주 나오는 이유는 무엇인가요?

혜인이의 글

'독서'라는 단어가 가장 많이 나왔던 것 같다. 부모님은 독서를 좋아하시는데 나와 내 동생은 독서를 싫어한다. 그래서 '독서'라는 단어를 1년 내내 들었다.

나의 글

2 친구들과 대화할 때 가장 많이 나오는 단어와 그 단어가 자주 나오는 이유는 무엇인가요?

혜인이의 글

올해 내 친구들은 '대박 멋있다.', '대박 맛있다.'처럼 '대박'이라는 말을 자주 했다. '진짜', '매우'보다 말할 때 재미가 있어서 자주 사용한 것 같다.

3 오늘 뽑은 두 단어를 사용하여 짧은 글을 만들어 보세요.

혜인이의 글

우리 부모님은 독서가 중요하다는 이야기를 대박 많이 하신다. 그런데 나와 내 동생은 독서를 대박 싫어한다.

3단계 친구의 생각을 살펴봐요

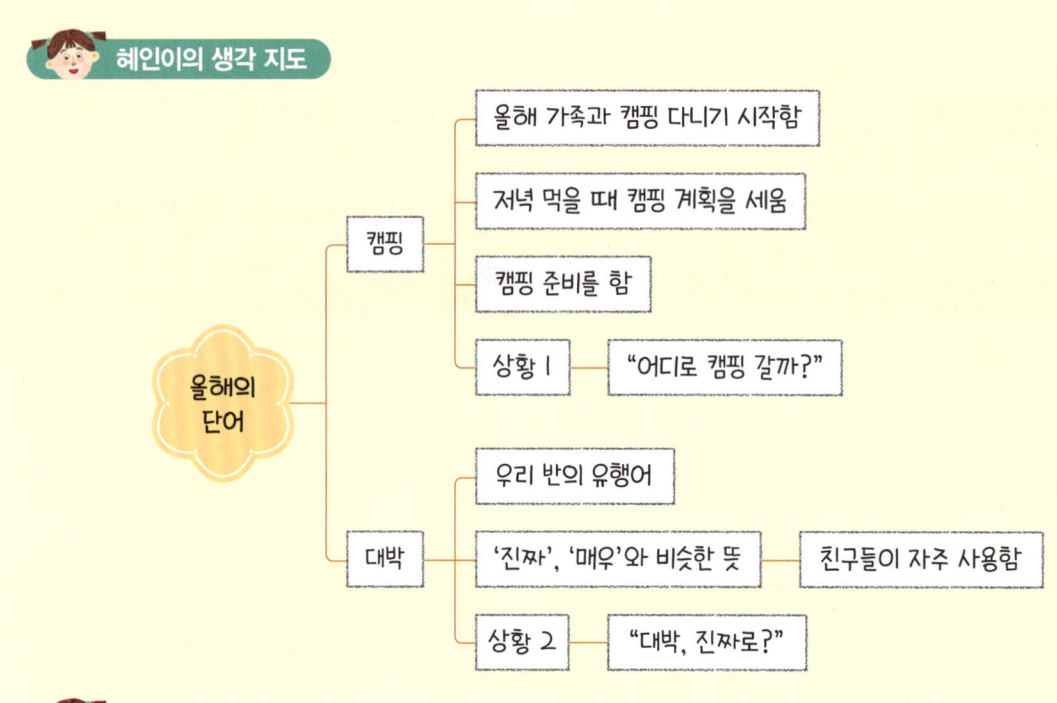

🎀 혜인이의 글

올해 가족과 친구들 사이에서 가장 많이 사용된 단어는 '캠핑'과 '대박'이다.

먼저 '캠핑'은 올해 가족과 처음으로 캠핑하러 다니기 시작해서 많이 쓰인 것 같다. 저녁 먹을 때면 주말에 갈 캠핑 계획을 세우고, 캠핑 준비를 한다.

'대박'은 우리 반의 유행어다. '진짜', '매우'랑 비슷한 뜻인데 '대박'이라고 말하면 더 재미있는 느낌이 들어 친구들이 자주 사용하는 것 같다.

이 두 가지 단어는 이렇게 사용할 수 있다.

상황 1 : "혜인아! 이번 주말에 어디로 캠핑 갈까?"

"지난주에 갔던 캠핑장이 너무 좋았어요. 거기로 다시 갈까요?"

상황 2 : "이번 주말에 가족과 캠핑 다녀왔어." - "대박, 진짜로? 어디로 다녀왔는데?"

4단계 스스로 써 봐요

나의 생각 지도

나의 글

8주 차 4일
39 미끌미끌한 낙지 놀이터에는 어떤 놀이기구가?

오늘의 주제

미끌미끌한 낙지! 낙지에서 아이디어를 얻어서 만든 낙지 놀이터가 있다면 그곳엔 어떤 놀이기구들이 있을까요? 낙지 놀이터에 있는 세 가지 놀이기구를 상상하여 설명해 보세요.

1단계 배경 지식을 쌓아요

☆ **낙지를 알면 놀이터의 아이디어를 떠올릴 수 있어요!**

- 낙지의 몸은 머리, 몸통, 발의 세 부분으로 나뉘어 있어요.
- 낙지의 발은 몸통보다 3배 정도 길어요.
- 낙지의 발에는 '흡판'이라는 빨판이 붙어 있어요.
- 위험에 처하면 먹물을 내뿜고 도망쳐요.
- 낙지의 발은 8개예요.
- 낙지는 매우 미끌미끌해요.
- 낙지의 몸은 회색이에요.

☆ **다른 놀이터의 모습이 궁금하다면 이곳을 검색해 보세요!**

- 대한민국 순천 : 기적의 놀이터
- 호주 시드니 : 블랙스랜드 리버사이드 파크 놀이터
- 미국 뉴욕 : 센트럴 파크의 헥셔 놀이터
- 일본 도쿄 : 타이어공원 놀이터

공부한 날   월   일

 **선생님의 조언** | 흙, 나무, 돌, 철근 등을 이용해 집이나 성을 만드는 걸 '건축'이라고 합니다. '건축'은 아주 오래전부터 예술의 한 분야였습니다. 레오나르도 다빈치나 미켈란젤로와 같은 이들은 예술가인 동시에 건축가였다고 합니다.

2단계 생각을 틔워요

1 내가 가 본 놀이터 중 가장 재밌었던 곳은 어디였나요?

민정이의 글
부모님과 함께 갔던 '신기한 놀이터'라는 곳이다. 그곳에는 높이가 10m 정도 되는 긴 미끄럼틀이 있는데 그게 너무 재밌었다.

나의 글

2 낙지의 특징 중에서 놀이터에 어울리는 것은 무엇인가요?

민정이의 글
8개나 되는 낙지 발. 낙지 발 하나가 미끄럼틀 하나라고 하면 8가지 종류의 미끄럼틀을 만들 수 있다. 그리고 빨판이랑 먹물도 재밌게 사용할 수 있을 것 같다.

나의 글

3 낙지 놀이터에 있을 것 같은 두 가지 놀이기구는 무엇인가요?

민정이의 글
8가지 종류의 낙지 미끄럼틀이나 빨판 모양의 트램펄린 등이 생각난다.

나의 글

3단계 친구의 생각을 살펴봐요

민정이의 생각 지도

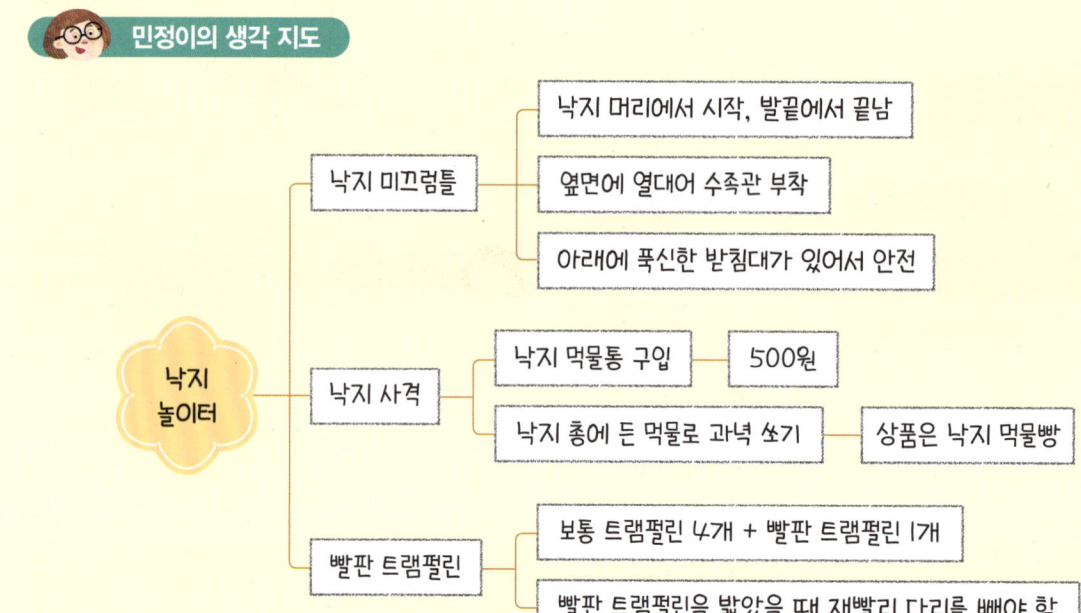

민정이의 글

1. 낙지 미끄럼틀 : 낙지 머리에서 시작해 발끝까지 미끄럼을 탈 수 있는 미끄럼틀이다. 미끄럼틀을 탈 때 심심하지 않도록 옆면에 열대어 수족관이 부착되어 있다. 매우 높은 곳에서 타는 거라 무섭지만 아래에 푹신한 받침대가 있어 안전하다.

2. 낙지 사격 : 자판기에 500원을 넣으면 낙지 먹물통을 살 수 있다. 낙지 먹물을 낙지 총에 넣은 다음 과녁에 있는 낙지를 먹물 총으로 쏴서 맞힌다. 다섯 마리 이상 낙지를 맞히면 상품으로 낙지 먹물빵을 준다.

3. 빨판 트램펄린 : 보통 트램펄린 4개에 빨판 트램펄린이 1개 섞여 있는데, 이 빨판 트램펄린을 밟으면 위로 튀는 게 아니라 바닥으로 빨려 들어간다. 빨판이 다리를 모두 빨아들이기 전에 재빨리 다리를 빼는 게 이 놀이를 잘할 수 있는 비법이다.

4단계 스스로 써 봐요

나의 생각 지도

나의 글

8주 차 5일

40 우리 반 선생님 집에는 어떤 물건들이 있을까?

오늘의 주제

우리 반 선생님의 집에는 어떤 물건들이 있을까요? 그동안 선생님께서 하셨던 이야기, 평소 사용하시는 물건, 좋아하시는 음식 등을 떠올려 보세요. 선생님의 집에 이건 반드시 있을 것 같다고 생각하는 물건 세 개를 고르고, 그 물건을 고른 이유도 함께 써 보세요.

1단계 배경 지식을 쌓아요

✪ 타인에 관한 관심

어떤 사람에게 관심을 기울여 살펴보면 그 사람의 집에 어떤 물건이 있는지를 예상해 볼 수 있습니다. 예를 들어 청소하는 걸 좋아하는 사람의 집에는 다양한 청소도구들이 있겠죠? 요리를 좋아하는 사람의 집에는 여러 가지 음식들과 다양한 요리 도구들이 많을 테고요. 게임이나 야구를 좋아하는 사람의 집에는 무엇이 있을까요?

타인과 관계를 잘 맺을 수 있는 한 가지 방법은 그 사람에게 관심을 가지는 것입니다. 물론 너무 지나치게 관심을 가지는 건 문제가 될 수 있습니다. 하지만 적당한 관심은 서로에게 도움이 됩니다.

✪ 물건을 떠올리는 방법

- 옷이 자주 바뀐다. → 커다란 옷장
- 책을 많이 읽는다. → 책과 책장
- 커피를 많이 마신다. → 커피머신
- 운동을 좋아한다. → 운동복, 운동화

공부한 날   월   일

 **선생님의 조언** | '타인'은 다른 사람을 가리키는 말입니다. 나를 가리킬 때는 '본인'이라는 말을 사용하죠? 나는 평소에 타인에게 관심이 있는 편인가요? 아니면 타인보다 본인에게 관심이 있는 편인가요?

2단계 생각을 틔워요

1 우리 반 선생님은 평소에 어떤 이야기를 자주 하시나요?

은별이의 글
수영이 건강에 좋다는 이야기와 위급한 상황을 예방하기 위해 수영을 배워 두는 게 좋다는 이야기를 자주 하신다.

나의 글

2 우리 반 선생님은 평소에 어떤 행동을 자주 하시나요?

은별이의 글
책을 많이 읽으신다. 우리가 아침에 등교할 때도 책을 읽으시고, 방과 후 시간에도 책을 읽고 계신 모습을 많이 봤다. 그래서인지 교실에 책이 엄청 많다.

나의 글

3 우리 반 선생님은 평소에 어떤 옷을 입으시나요?

은별이의 글
편한 청바지에 셔츠를 입으실 때가 많고, 가끔은 멋진 정장을 입으신다. 원피스를 입고 출근하실 때도 많았던 것 같다.

나의 글

3단계 친구의 생각을 살펴봐요

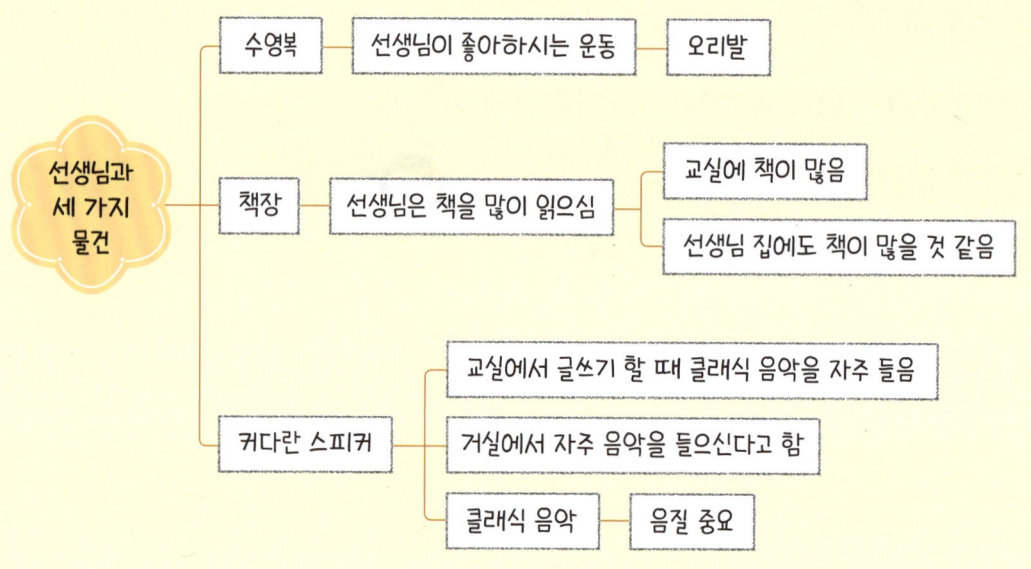

은별이의 생각 지도

은별이의 글

우리 반 선생님 댁에 있을 것 같은 물건은 수영복과 책장, 그리고 커다란 스피커다.

먼저 수영복은 평소 선생님께서 수영을 좋아한다고 말씀하셨기 때문이다. 수영 다니는 사람에겐 수영복이 필요하다. 또한 수영복뿐만 아니라 오리발 같은 장비도 있을 것 같다.

두 번째, 책장이다. 우리 선생님은 책을 많이 읽으신다. 교실에도 책이 엄청 많다. 아마도 선생님 댁에는 교실에 있는 것보다 훨씬 더 많은 책이 있을 것 같다. 그럼 당연히 책장도 있지 않을까?

세 번째, 커다란 스피커다. 우리 반은 글쓰기 할 때 클래식 음악을 자주 듣는다. 선생님께서도 거실에서 음악을 자주 들으신다고 말씀하셨던 기억이 난다. 클래식 음악은 음질이 중요하니까 스마트폰으로 들으실 것 같지는 않다. 아마도 커다란 스피커가 있을 것 같다.

4단계 스스로 써 봐요

나의 생각 지도

나의 글

낙지 놀이터에는
어떤 놀이기구가 있을까?

낙지 놀이터에 있는 세 가지 놀이기구의 모습을 상상하여 글로 나타내보았죠? 상상은 그림과 함께할 때 더욱 커지는 법입니다. 머릿속에 있던 놀이터의 모습을 그림으로 표현해 보세요. 그림을 그리다 보면 처음에는 생각하지 못했던 부분들이 떠오르게 될 거예요.

예시